加藤幸次 著

カリキュラム・マネジメントの考え方・進め方

キー・コンピテンシーを育てる
学校の教育課程の編成と改善

黎明書房

はじめに

　本書の目指すところは,「カリキュラム・マネジメント（教育課程経営）」というカタカナ語を慎重に，かつ，沈着に捉えつつも,「カリキュラム・マネジメント」の導入が学校改革をもたらす一大機会になるものと期待して，グローバル時代にふさわしい学校の「自律化・地域化」への道を探ることにあります。さらに進んで，これを契機にして，未来の学校を地域社会における文化創造の拠点にできないものか，と夢見ているところもあります。

　次期学習指導要領の最大の特色は,"社会に開かれた教育課程"というモットーに導かれて，学校が，地域社会と連携・協働して,「学校の教育課程（カリキュラム）」を編成し，授業を実践し，学習の成果を評価し，その改善を目指す責務を負うことにある，と考えます。ここには，次の3つの点について，大きな課題が予想されます。

　第1は,「地域社会」が「学校の教育課程」の編成に関与することになる，という点です。今日でも，それぞれの学校は「子供と地域の実態」を考慮して，特色ある「学校の教育課程」を編成することになっていますが，それはもっぱら学校の責務であって，地域の人々がかかわってきたわけではありません。したがって，地域社会が学校の教育課程の編成に関与することは，学校の在り方に一大変革をもたらすことになります。言うまでもなく，そこには，どのように学校と地域社会は連携・協働していくべきか，という困難な課題が待ち受けています。

　第2は，学校は「学校の教育課程」の編成と日々の授業に，今まで以上に，真剣かつ本格的にかかわらねばならないことになるという点です。現状では，教師たちの関心はもっぱら「教科指導」にあり，「教育

課程」にはない，と言ってよいでしょう。特に，教科担任制をとる中学校と高等学校の教師は，自分が担当している教科には関心を示しますが，学校全体の教育課程には関心が高いとは言えないのです。したがって，教師たちは「学校の教育課程」について，また，「学校の教育課程」と自分たちが日々行っている授業との緊張関係について，どのようにすべきか，という課題に改めて挑戦することになります。

　第3は，学校は地域社会と連携・協働して「学校の教育課程」をよりよいものに改善していくために，『学校評議員』あるいは『学校運営協議会』と組んで，新たに『カリキュラム・マネジメント委員会（学校評価委員会）』を立ち上げ，"PDCA（Plan-Do-Check-Act）サイクル"を実践していく責務を負うことになるという点です。この点こそが次期学習指導要領のキー・ポイントです。平成28年（2016年）8月26日に公にされた『次期学習指導要領等に向けたこれまでの審議のまとめ』を見てみますと，カリキュラム・マネジメントは「教育課程を軸に学校教育の改善・充実の好循環を生み出す」ことを最終目標としています。したがって，学校は地域社会と連携・協働して，どのように"PDCAサイクル"を実践していくべきか，という今までに経験したことのない大きな課題に取り組まねばなりません。

　「カリキュラム・マネジメント（教育課程経営）」と言われる新しい学校経営は，"PDCAサイクル"を縦糸とし，"学校と地域社会の連携・協働"を横糸として新しい織物を織ることを目指している，と捉えることができるのです。この織物の名が"社会に開かれた教育課程"と言ってよいでしょう。各学校の『カリキュラム・マネジメント委員会（学校評価委員会）』は毎年織り出されるこの織物の出来具合を見て，よりよい織物を目指して改善努力していくことが期待されているのです。

　次期学習指導要領はこのような大きな3つの課題の解決を"チームとしての学校"というモットーの中に見つけようとしている，と考えま

す。最初から覚悟しておくべきことですが，これらの３つの課題の解決のエネルギーは次の２つの葛藤（ジレンマ）を何とかして乗り越えるプロセスの中からのみ生まれてくるものであることです。乗り越える努力を惜しむことは，次期学習指導要領の失敗を意味します。努力を惜しまなければ，学校を一大改革に導く契機になり，かつ，学校を文化創造の拠点とする可能性が秘められている，と期待しています。

　第１の葛藤はカリキュラム・マネジメントを中心的に行っていく責務を担う学校の内部に潜む，とても難解なものです。すなわち，教職員の間に生じるであろう"ずれ"や"対立"と，そこで不可欠な"妥協（すり合わせ）"に必要な努力にかかわる葛藤です。もっぱら学校長のリーダーシップに期待されているようですが，学校長の"安定性"に大きな問題があります。また，教師たちのリーダーシップに期待したいのですが，多忙なこともありますが，教師たちの"気概"にも問題がありそうです。はたして，学校という組織は有効なチームとして機能することができ，教育課程や授業をめぐってリーダーシップを取ることができるのでしょうか。

　第２の葛藤はカリキュラム・マネジメントを行う学校と地域社会の間に生じるであろう"ずれ"や"対立"と，そこで不可欠な"妥協（すり合わせ）"に必要な努力にかかわる葛藤です。次世代を担う子供たちに対する教育に関して，学校と地域社会の願いに大きな違いはないと考えられますが，しかし，具体的な場面での両者の"ずれ"や"対立"には常に調整と妥協が必要になるでしょう。はたして，学校と地域社会は有効なチームを組むことができ，忍耐強く対応し，ともに，"チームとしての学校"の良き支援者になれるでしょうか。

　とはいえ，ここで強調しておきたいことは，学校の中や，学校と地域社会の間に生じるであろう，これらの葛藤（ジレンマ）を否定的・消極的に捉えるべきではなく，むしろ，"熟議に熟議を繰り返して"，葛藤を

克服していくエネルギーの中でこそ「学校の自律化・地域化」が達成され，学校が地域社会における文化創造の拠点になる動因があると捉えるべきです。自覚しておきたいことは，学校が今までに経験したことのない新しい局面にさしかかろうとしていて，そこに勇気と希望を持って，挑戦することの大切さです。

　昨年，同じ黎明書房から『アクティブ・ラーニングの考え方・進め方―キー・コンピテンシーを育てる多様な授業―』を出版しています。本書はその姉妹編と考えています。

　この年になると，書く力とエネルギーの衰えが心配になります。それでも，次々と新しい着想が浮かび，整理するのに苦労しながら，書きあげることができました。とてもうれしく思っています。こうした機会を再び，武馬久仁裕社長からいただいたことに感謝しています。また，何度も話を聞いていただき，適切な助言をいただき，うれしく思っています。今回も，都築康予さんに編集していただき，読みやすいものになったのではないか，と感謝しています。

　本書は，次女，恵理に捧げます。学生は誰しも大学で"知性を磨きたい"と願って，大学に来ていると信じ，教え続けて行ってほしいと願っています。

　　　2016年11月

　　　　　　　半田市（新美南吉の里）の実家にて　加藤幸次

追記：南吉の俳句１つ（市立図書館の裏）
　　『たんぽぽの　いく日ふまれて　けふの花』

目　次

はじめに　1

I　私たちは，どのようにして，「カリキュラム・マネジメント」に対応しようとしているのか　15

1　「学校評議員制度」と「学校運営協議会制度」で対応する　16
  (1)　まず，「学校評議員制度」が創り出された　16
  (2)　次に，「学校運営協議会制度」も創り出されつつある　19
2　学校の「自律化」から「地域化」へ　21
  (1)　コミュニティ・スクールに新たな展開が見られる　21
  (2)　首長がリードする「総合教育会議」に広がりが見られる　24
  (3)　「レイマン・コントロール」が強化される　26
  (4)　『カリキュラム・マネジメント委員会（学校評価委員会）』を設置する　27

II　学校と地域社会は，何を目指して，カリキュラム・マネジメントを行うべきか　29

1　地域社会とともに，「コンピテンシー」の育成を図る　30
  (1)　「コンテンツ（何を知っているか）」から「コンピテンシー（何

ができるか)」へ　30
　⑵　教育目標としての「コンピテンシー（資質・能力）」とは何か　31
　⑶　私たちの手で「コンピテンシー」を探し求めていく時代が始まる　35
　⑷　学習指導要領は学校の創意工夫のもととなる「学びの地図」である　36

2　専門家と一般社会人が，「熟議に熟議を繰り返して」，カリキュラム・マネジメントを行う　38
　⑴　学校と地域社会の間にある「グレーゾーン」に挑戦する　38
　⑵　「教職の専門性」を疑う目が増加してきている　39
　⑶　「トランス・サイエンス」は「ローカル・ノレッジ（市民の知識）」を活用していく社会技術である　40
　⑷　「公共空間」の中で「熟議に熟議を繰り返すこと」が重要になる　41

3　自律性・地域性を確保するカリキュラム・マネジメントを創る　43
　⑴　学習者（子供たち）を忘れていないか　43
　⑵　「組織マネジメント」から「カリキュラム・マネジメント」へ　45

Ⅲ　学校は，どのような考えに基づいて，「学校の教育課程」を編成すべきか　47

1　分化と統合のバランスを図り，教育課程に新しい一貫性・系統性を持たせる　48
　⑴　「3アールズ」の習得と「福音書」の暗唱から始まった　48
　⑵　科学・学問の専門化・高度化に伴って，教科は分化してきた　49
　⑶　大学にある「親学問」の学際化・総合化の進展に合わせる　50

2 学校の教育課程は「教科学習」「教科横断的学習」「領域横断的学習」と「総合的学習」の組み合わせで編成する　51
(1) 教科等横断的な視点に立った学習（クロスカリキュラー学習）は「教科横断的学習」「領域横断的学習」と「総合的学習」になる　51
(2) 「教科等横断的な視点に立った学習」は学校が創意工夫して創り出すべきである　54
(3) 従来以上に，より積極的に「現代的な諸課題」に取り組む　55

3 カリキュラム編成に関する類型を再構成する　57
(1) リソースは「科学・学問の成果」と「現代的な諸課題・個人的問題」である　57
(2) 「知識基盤社会」への具体的な対応を考える　58
(3) 「科学・学問中心型カリキュラム」の類型　60
　① 教科カリキュラム　60
　② 関連（相関）カリキュラム　60
　③ 合科（融合）カリキュラム　61
　④ 学際的（広領域）カリキュラム　61
(4) 「課題・問題中心型カリキュラム」の類型　63
　⑤ 課題（現代的課題）カリキュラム　63
　⑥ 問題（経験）カリキュラム　63

4 総合的な学習の時間と特別活動における「教科等横断的な視点に立った学習」について検討する　64
(1) 総合的な学習の時間は「教科等横断的な視点に立った学習」を代表する学習活動である　64
(2) 総合的な学習の時間（特別活動）は「現代的な諸課題」を取り扱う場である　65
(3) 「児童（生徒）の興味・関心に基づく課題についての学習活動」にも焦点を当てる　67

(4) 特別活動における「教科等横断的な視点に立った学習」の展開を考える　68

Ⅳ　学校は，どのように，実践的な「学校の教育課程」を構成すべきか　71

1　「深く考える思考力（汎用的スキル）」の育成に力点を置く　72
　(1)　「資質・能力の３つの柱」と「深く考える思考力」の育成　72
　(2)　「深く考える思考力」は問題解決を推進する能力である　74
　(3)　「教科等横断的な視点に立った学習」と「深く考える思考力」の育成　75

2　現行学習指導要領のもとでも，「教科等横断的な視点に立った学習」を創ってきた　77
　(1)　「教科学習」と「総合的な学習の時間」をつなぐ　77
　(2)　現行学習指導要領のもとでも，「関連・合科・生活・総合単元」を創ることができる　79
　(3)　次期学習指導要領は「関連・合科・生活・総合単元」を推進しようとしている　80

3　「教科」間の複数単元を関連・合科させて創った「関連・合科単元」の事例　81
　(1)　「国語と理科」の関連単元（小学校３年，11時間）
　　　―国語単元『すがたをかえる大豆』と理科単元『植物をそだてよう(4)：花がおわったあと』を関連させる―　82
　(2)　「理科と算数」の関連単元（小学校５年，28時間）
　　　―理科単元『もののとけ方』と算数単元『割合とグラフ』を同じ時期に設定し，一部の活動を合わせる―　84

(3) 「算数と社会」の合科単元（小学校3年，24時間）：『買い物調べをおうちの人に報告しよう』
　　　―算数単元『棒グラフ』と社会単元『わたしたちのくらしと商店』を合わせる―　85

(4) 「国語と社会」の合科単元（小学校6年，21時間）
　　　―国語単元『平和について考える』と社会単元『平和を守るために，どんな努力をしているの』を合わせる―　87

4　「領域」間の複数単元を関連・合科させて創った「生活・総合単元」の事例　89

(1) 「国語と生活と図工と道徳」の生活単元（小学校2年，30時間）
　　　―国語を中心に，生活，図工，道徳を統合して，総合単元『明りん　むかし　むかし』を創る―　89

(2) 「総合的な学習と社会と理科」の総合単元（小学校4年，40時間）
　　　―総合単元『わたしたちの東川』を中心に，社会と理科を統合する―　92

(3) 「総合的学習の時間と国語と社会と算数と道徳」の総合単元（小学校6年，38時間）
　　　―総合単元『ぶどう作り（育てる）』を中心に，国語と社会と算数と道徳を統合する―　94

(4) 「学年行事と教科と学級活動」の総合単元（小学校4年，20時間）
　　　―学年行事『鋸南自然教室に行こう』，国語，学級活動を統合して，総合単元『レッツ・ゴー！　鋸南』を創る―　96

(5) 「教科と道徳と学級活動と学校裁量」の総合単元（小学校6年，43時間）
　　　―国語，道徳，学級活動，学校裁量を統合して，総合単元『卒業研究』を創る―　99

Ⅴ 教師は，どのような考えに基づいて，「主体的・対話的で深い学び（アクティブ・ラーニング）」を捉えるべきか　101

1　「特定の学習や指導の『型』に拘泥しない」多様な授業を創る　102

(1)　多様な授業が「主体的・対話的で深い学び」に必要である　102

(2)　「主体的・対話的で深い学び」のための10の授業モデルを創る　103

(3)　「参加型授業」モデルを創る　105

　①　「補充指導」モデル　105

　②　「学力別指導」モデル　105

　③　「反転授業」モデル　105

　④　「一人学習」モデル　106

　⑤　「二人学習」モデル　107

　⑥　「小グループ学習」モデル　107

(4)　「参画型授業」モデルを創る　108

　⑦　「発展課題学習」モデル　108

　⑧　「課題選択学習」モデル　108

　⑨　「自由課題学習」モデル　109

　⑩　「自由研究学習」モデル　110

(5)　子供たちの「主導権（イニシアティブ）」のレベルを上げていく　110

2　「主体的・対話的で深い学び」のための学習活動づくりを目指す　112

(1)　「主体的な学び」「対話的な学び」「深い学び」の視点から授業を改善する　112

(2)　まず,「主体的な学び」と「対話的な学び」について,検討する　114
　　1)　「主体的な学び」の検討　114
　　2)　「対話的な学び」の検討　116
　(3)　次に,「深い学び」について,検討する　118
　　3)　「深い学び」の検討　118
3　課題(問題)解決学習を一層充実させ,「主体的・対話的で深い学び」が成立する場とする　122
　(1)　課題解決学習と問題解決学習を峻別する　122
　(2)　ICT時代にふさわしい探究活動を創る　124
　(3)　意図的に,問題解決活動の中で,「メタ認知力」を育成する　124
　(4)　残された課題(新しい問題)から再び始まる「単元」に挑戦する　127

VI　教師は,どのようにして,「主体的・対話的で深い学び(アクティブ・ラーニング)」を創り出すべきか　129

1　「ティームとしての学校」をどう創り出すか　130
　(1)　研究推進委員会の強化から始める　130
　(2)　ティーム・ティーチングが不可欠である　133
　(3)　「指導計画を作成すること」と「指導すること」を分ける　134
　(4)　特に,中・高校でのティーム・ティーチングについて考える　135
　　1)　教科学習のための「教科」ティーム・ティーチング　136
　　2)　「教科等横断的な視点に立った学習」のための異教科ティーム・ティーチング　137
　　3)　総合的学習のための「全学年・全学校」ティーム・ティーチング　138

2　豊かで多様な"人的","物的"学習環境を活用する　138
　　(1)　"マン・トゥ・マン"システムから"マン・トゥ・エンバイロメント"システムへ　138
　　(2)　「学習センター」「教科センター」を創る　141
　　(3)　「やる気・学習意欲を喚起する学習環境」をしつらえる　141
　　(4)　「学習活動を促進する学習環境」を用意する　142
　　(5)　コンピュータ，タブレット端末機は不可欠なツールである　143
　3　「学習ガイド」が「主体的・対話的で深い学び」を保障する　144
　　(1)　"メタ認知"を育てる「学習ガイド」を創る　144
　　(2)　2つの事例を通して「学習ガイド（手引き）」を説明する　145
　　(3)　総合的な学習は「契約学習カード」で学習をすすめる　145

Ⅶ　教師は，どのようにして，子供一人ひとりの発達・成長を支援するべきか　149

　1　特別支援教育，生徒指導，キャリア教育，日本語教育も視野に入れる　150
　　(1)　すべての教育領域で，子供一人ひとりの発達・成長を目指して指導する　150
　　(2)　「個に応じた指導」をさらに一層重視する　151
　2　一人ひとり，体験活動の中で「言葉の力」を借りて，「薄明の世界」を探索させ，「自分の世界」を創らせたい　153
　　(1)　私たちは「学習スタイル」に応じた指導を確立しようとしてきた　153
　　(2)　子供は一人ひとり固有の「内的系統性」に従って理解していく　155
　　(3)　言葉の力を借りて，「薄明の世界」を探索し，「自分の世界」を

拡大していく　157
　3　「対話の世界」の中で「共有と共同による創造活動（ウィキペディア学習）」を創る　162
　　(1)　一斉授業の中に「対話的で深い学び」はあるのか　162
　　(2)　小グループでの「話し合い学習」の中に「対話的な学び」を創る　163
　　(3)　アイディアを出し合って，問題の解決を目指す「ウィキペディア学習」を創る　165

Ⅷ　学校は，学習評価を基礎に，どのようにPDCAサイクルを行うべきか　167

　1　PDCAサイクルの起点は各種の「学力テスト」である　168
　　(1)　学力テストのもたらす"きびしい"現実に注目する　168
　　(2)　学力テストは「測定できるものだけを測定している」にすぎない　169
　　(3)　「意欲，やる気」や「コミュニケーション，リーダーシップ」などの態度や資質こそ重視されるべきである　172
　　(4)　学力テストは"努力"（学習のプロセス）を評価していない　173
　2　もう1つの起点は学校関係者による「自己評価・他者評価」である　175
　　(1)　大学では，毎学期末，学生による「授業評価」が行われている　175
　　(2)　「学校関係者」による「他者評価」で学校の教育活動に意見を求める　176
　　(3)　教職員と子供たちによる「自己評価」が一般的である　178
　3　『カリキュラム・マネジメント委員会』のための討議資料を作成する　178

⑴　『カリキュラム・マネジメント委員会』が学校評価を行う　178
　⑵　討議資料を討議される項目ごとに整理し，提供する　180
 4　カリキュラム・マネジメントを支援する「評価支援機関」が必要である　182
　⑴　イギリスは「教育水準局（OFSTED）」で学校評価を行っている　182
　⑵　学校の評価活動を支援する「評価支援機関」が必要である　183

おわりに　185

I
私たちは，どのようにして，「カリキュラム・マネジメント」に対応しようとしているのか

・・・・・・・・・ プロローグ ・・・・・・・・

　この章と次の第Ⅱ章とでは，誰が，「何ができるようになるか（育成を目指す資質・能力）」を定めて，マネジメントしていくべきかについて，考えます。「マネジメント」という英語は管理とか，経営とか訳されますが，この言葉が，企業活動を超えて，教育を含む公共部門に対して使われだしたのは，1980年代初頭に始まる「ニュー・パブリック・マネジメント（新公共管理）」という政策の中です。この政策は，公共部門の行う事業の評価を対象とし，公共サービスに競争と企業的経営手法を導入しようとしたものです。サッチャー政権の下で行われたイギリスの教育改革はこの政策をベースになされ，今日にまで引き継がれてきていることはよく知られているところです。

　日本では，従来，文部科学省が定める学習指導要領の枠組みのもとにあって，学校はそれぞれの学校の児童・生徒や地域の実態を考慮して，「学校の教育課程」を編成することが求められてきましたが，その編成はもっぱら学校あるいは教師たちの役割とされてきました。それに対して，**次期学習指導要領では，"社会に開かれた教育課程"というモットーのもとに，「家庭と地域との連携・協働」を強調した「カリキュラム・マネジメント（教育課程経営）」という在り方を導入しようとしているのです。言い換えると，ここでは学校経営における「学校の自律化・地域化」が意図されている**，と言えるのです。グローバル時代に必要な「生きる力」としての「資質・能力（コンピテンシー）」の育成を目指すことは，単に，学校と教師たちの責務ではなく，地域社会の人々の関心事であるべきである，と考えられているのです。「カリキュラム・マネジメント」は学校経営に一大改革をもたらそうとしている，と言えるでしょう。

1 「学校評議員制度」と「学校運営協議会制度」で対応する

(1) まず,「学校評議員制度」が創り出された

　終戦前,学校は「国民教化」のための機関で,住民の目には近寄りがたい存在でした。それを象徴するかのように,校舎の在り方には威厳さを保った風格がありました。私が学んだ愛知県にある半田小学校は,大正11年（1922年）に建てられた代表的な学校でした。石の校門をくぐると,ソテツや松の生える庭の向こうに第1棟があり,左右には,立派な講堂と奉安殿がありました。第1棟は管理棟で,中央に3段ほどの石段と玄関があり,左右には,校長室と職員室がありました。第2棟から順に1年生から6年生の教室がありました。子供たちは教室棟の横から出入りしていて,第1棟に出入りするのは教職員に限られていたと記憶しています。

　戦後,校舎の在り方が新しい民主主義という理念にふさわしい姿に変貌するのに,約40年を待たざるをえませんでした。戦後の経済復興を経て,やっと,昭和60年（1985年）,臨時教育会議の答申によって,「オープン・スペース」を持った学校（「壁のない学校」）の建築が推進され始めました。学校建築にかかわる人たちは,教職員と子供たちが一緒に入れる玄関,柔軟でかつ連続した学習スペース,みんなの集まる多目的ホールなどを意識して,また,地域社会に向かって開かれた学校を意識して,設計し建築していきました。

　私たちは,昭和55年（1980年）ころに10校ほどになっていた「オープン・スペース」を持った学校で,次のような5つの方針を立てて,新しい「授業」づくりを始めています。

Ⅰ　私たちは，どのようにして，「カリキュラム・マネジメント」に対応しようとしているのか

1）　教室と廊下との間の壁を開く（学習活動を学校の中に広げる）
2）　クラスとクラスの壁を開く（ティーム・ティーチングを行う）
3）　時間と時間の壁を開く（柔軟な時間割を作成する）
4）　教科と教科の壁を開く（教科等の横断的な学習プログラムを組む）
5）　学校と地域社会の壁を開く（学校と地域社会を結ぶ）

　当時の愛知県の東浦町にある緒川小学校に，「PTA会室」を創ったのは，昭和62年（1987年）のことです。玄関を入って，職員室の横に6畳ほどの部屋があり，そこを「PTA会室」としたのです。毎日のように，数人の保護者たちが学校に来て，図書の整理，学習カードの印刷，給食の手伝いなど補助的な仕事をしてくれました。その人たちの控え室というわけです。当時，いわゆる第2次ベビーブームに生まれた子供たちが学校に押しかけていました。学級定数は45人でした。にもかかわらず，学校は一人ひとりの子供たちが主体的に，能動的に学習活動に挑戦してくれるように，授業を改革していました。当然，指導に当たる教師の手が足りず，保護者の手を借りることになったのです。

　算数と国語（漢字）では，週1時間の「はげみ学習」と銘打って，一人学びのプログラムを行っていました。何人かの保護者に子供たちの学習を支援していただきました。間違いなく，この試みが教師ではない保護者が「指導」にかかわった全国で初めての事例であったのです。やがて，生活科が始まり，総合的な学習の時間の試行が始まり，一挙に多くの学校で，地域の方々のボランティア活動が行われ始めました。

　こうした「家庭や地域」との協働の経験を受けて，平成10年（1998年）9月，中央教育審議会は『今後の地方教育行政の在り方について』答申をし，平成12年（2000年）4月に「学校評議員制度」という新たな公的枠組みができたのです。

　この「学校評議員制度」は，「学校・家庭・地域と連携協力しながら一体となって子どもたちの健やかな成長を担っていくため，地域に開か

れた学校づくりをより一層推進するという観点」にありました。ただし，この時点では，学校評議員制度はすべての学校に置くというものではなく，教育委員会が必要と認めた「学校」にだけ置くことができるという限定的な制度として始まりました。

　この制度の目指すところは大いに理解することができるのですが，「学校」と「家庭や地域」が連携・協働することは容易ならぬことは想像されることです。俗な表現ですが，モンスター・ペアレントと言われる親たちと学校の対立を見れば，たちどころに理解できます。

　したがって，この制度の実施に当たって，文科省は『施行通知』において，「校長が意見を求めること」と題して，次のように明記しています。

　「学校評議員は，校長の学校運営に関する権限と責任を前提として，学校長の求めに応じて意見を述べることができるものとしたこと。このため，校長は，自らの判断により必要と認める場合に意見を求めることとなること。その際，校長は，学校評議員の意見に資するよう，学校評議員に対し，学校の活動状況等について十分説明することが必要であること。」

　さらに，文科省の『施行通知』において，「具体の運営方法等」と題して，次のようにも明記しています。

　「学校評議員の具体の運営は，校長の権限において行われるものであり，その際，校長は，その方法や手続について，設置者等の定める範囲内で必要な規程を定めることが可能であること。」

　言い換えると，新しく発足した「学校評議員制度」では，あくまでも，学校経営の責任者は校長であって，校長が自ら判断した必要な項目についてのみ，評議員は意見を述べることができる，ということです。そもそも，「学校評議員は，校長の推薦により，設置者が委嘱する」ことになっているのです。さらに，設置者である教育委員会が必要な規程を設

けて，コントロールすることができる制度になっているのです。ちなみに，学校評議員制度を採用している学校は，平成28年7月現在，90％に及ぶと言われています。

(2) 次に，「学校運営協議会制度」も創り出されつつある

今日では，制度として「学校評議員制度」と「学校運営協議会制度」と呼ばれる2つの制度があります。しかし，両者は「学校と家庭・地域の連携・協働」を図ろうとする点では，その趣旨は大いに類似していますが，その機能と影響はおおいに違っています。

何より，「学校評議員制度」では，評議員は校長の推薦により教育委員会が委嘱するのです。委嘱された評議員は，校長の求めに応じて，学校の教育目標や指導計画に関すること，教育活動の実施に関すること，学校と地域との協働に関することなどについて，意見を述べるということです。しかし，それらの意見には拘束力はなく，あくまでも，参考意見というわけです。

実際，私自身が東京都のある中学校の評議員に委嘱され，確か，2年間評議員を務めたのですが，学校側の説明がほとんどの時間を占め，「意見」を述べるという段階にまで高められることはありませんでした。そもそも，評議員は数名でしたが，専門的で複雑な学校側の説明に対して「意見」が述べられる人はいなかったように記憶しています。それでも，学校を支援してくれている人たちに，学校が行おうとしていることについて，系統的に，総合的に聞いていただく機会にはなっているのではないか，と感じていました。

平成16年（2004年），文科省は『地方教育行政の組織及び運営に関する法律』を改訂し，教育委員会が指定する学校に「学校運営協議会制度」を置くことができるとしました。この制度は，次の3つの役割があります。

1）　校長が作成する学校運営の基本方針を承認する
　　2）　学校運営に関する意見を教育委員会と校長に述べる
　　3）　教職員の任用に関して教育委員会に意見を述べる

　これらの役割は「学校評議員制度」にはなかったものです。すなわち，校長は作成した学校運営の基本方針に関して，学校運営協議会の「承認」を得なければならないのです。校長だけでなく，教育委員会に「意見」，特に，教職員の任用に関して「意見」を述べることが可能になったということです。言い換えると，学校と地域社会の連携と協働のレベルが，「学校評議員制度」に比較して，一段と高くなったと言ってよいのです。このような学校運営協議会が設置されている学校をコミュニティ・スクールと呼んでいます。

　現政府が推進する『一億総活躍社会』・『地方創生』政策にのっとって，今日，全国に急速に広まっているようです。平成27年12月には，中央教育審議会は「全ての公立学校がコミュニティ・スクールを目指すべきであり，教育委員会が積極的に設置の推進に努めていくような制度的位置付けの見直しを検討すべきである」と提言をしています。それを受けて，文科省は平成28年1月25日に，『「次世代の学校・地域」創生プラン』を公表し，平成28年度から5年間の取り組みを明らかにしています。中でも，学校と地域による協働活動の総合化・ネットワーク化を目指して「地域学校協働本部」の整備，「総括コーディネーター」の配置が目につきます。

　ちなみに，現在，文科省は，教育委員会に対して，学校評議員制度から次に述べる「学校運営協議会制度」に変換するように強く促しています。地域が学校を支援することを目指して作られている他の2つの組織，すなわち，「地域学校協働本部」と「学校関係者評価委員会」についても，変換を促しています。

　平成28年4月1日現在，9道県及び294市区町村の教育委員会が

Ⅰ 私たちは、どのようにして、「カリキュラム・マネジメント」に対応しようとしているのか

学校運営協議会制度のもとでコミュニティ・スクールを指定しており，指定されている学校は，平成27年度から417校増加して，46都道府県の2,806校（全義務教育学校の9％）です。まだまだ，部分的な普及にとどまっていますが，次期学習指導要領のいう「家庭と地域の連携・協働によるカリキュラム・マネジメント」は，この制度の上で行われようとしているわけです。

2 学校の「自律化」から「地域化」へ

(1) コミュニティ・スクールに新たな展開が見られる

平成18年（2006年）に制定された18条からなる新教育基本法は，(学校，家庭及び地域住民等の相互の提携協力)として，「学校，家庭及び地域住民その他の関係者は，教育におけるそれぞれの役割と責任を自覚するとともに，相互の連携及び協力に努めるものとする」と第13条に規定しています。昭和22年（1947年）の旧教育基本法は10条からなり，(学校，家庭及び地域住民等の相互の提携協力)という条項はありませんでした。したがって，新教育基本法は，新たに国と地方公共団体との提携協力を明確に位置付ける一方，"社会総がかりで子供たちを育む体制"の重要性を明示したと言えます。

「学校評議員制度」（平成12年〈2000年〉）も，「学校運営協議会制度」（平成16年〈2004年〉）も，実施され始めた年からいって，この新教育基本法に先立って実施された学校と地域の提携協力を促進した試みであった，と言えます。今日，学校運営協議会制度は「コミュニティ・スクール」というカタカナ語のもとで，急速に広げられようとしています。平成28年7月，文科省は『コミュニティ・スクールって何？（「学校運営協議会」設置の手引き）』を公にしています。こうした急速

な動きは，新教育基本法の規定をベースに置いていることは言うまでもありません。

　平成27年12月に中央教育審議会は『新しい時代の教育や地方創生の実現に向けた学校と地域の連携・協働の在り方と今後の推進方策について』答申をしています。そこで，「地域とともにある学校への転換」と題して，次のように言われています。「開かれた学校から一歩踏み出し，地域の人々と目標やビジョンを共有し，地域と一体になって子供たちを育む『地域とともにある学校』に転換」すべきであるというのです。また，「学校を核とした地域づくりの推進」と題して，「学校を核とした協働の取組を通じて，地域の将来を担う人材を養成し，自立した地域社会の基盤の構築を図る『学校を核とした地域づくり』の推進」を図るべきだというのです。この答申は，明らかに，「学校運営協議会制度」を更に深化させる方向を目指しているように，解釈されます。すなわち，『地方創生』を旗印にして，学校の「地域化」を目指していて，新しい展開が意図されているように見えます。

　こうした学校と地域社会の提携協力（・協働）の動きを「教育の地域化」の流れで捉えるべきかどうかは，検討を要します。しかし，学校と地域社会（家庭や地域）の提携協力（・協働）を今後さらに強化しようとするならば，『地域経営学校』や『公設民営学校』の創設を視野の中に入れざるを得なくなるかもしれません。学校と地域社会の提携協力（・協働）の強化を目指したプロセスを「教育の地域化（民主化）」の流れと捉えることも可能でしょう。

　いずれにしても，率直な言い方をすると，次期学習指導要領のいう「家庭と地域の連携・協働によるカリキュラム・マネジメント」という学校経営の在り方は，「学校運営協議会制度」のもとで教育委員会により指定された「地域運営学校（コミュニティ・スクール）」という枠組みの中だけで納まるかどうかは，明らかではありません。

Ⅰ　私たちは,どのようにして,「カリキュラム・マネジメント」に対応しようとしているのか

　まず,『地域経営学校（ローカル・コントロール・スクール）』です。ここでは運営と経営という言葉を峻別して使い,『地方教育行政の組織及び運営に関する法律』を再度改訂し，新しく『学校"経営"協議会』制度を設立し，地域社会に大幅な権限を委譲した「地域経営学校」が構想されるかもしれないのです。言うまでもなく，プロローグでふれたように，「ニュー・パブリック・マネジメント（新公共管理）」という政策に沿った学校経営の在り方です。これはイギリスの「学校理事会（スクール・カウンシル）」に模した在り方です。何より，理事会の構成メンバーは地域住民が主体で，学校からは校長と教師の代表1人がいるにすぎないのです。また，大幅な予算に関する権限を有しています。（窪田眞二・木岡一明編著『学校評価のしくみをどう創るか』学陽書房，2004年，および，佐貫浩『イギリスの教育改革と日本』高文研，2002年に詳しい。）

　他方,『公設民営学校』ですが，アメリカの「チャーター・スクール」を模した学校です。チャーター・スクールにもいろいろありますが，学校経営の主体は「親と教師」有志による集団にあります。チャーター・スクールが必要とする資金は，子供の数に応じて，他の公立学校と同じ額を地方自治体から受け取ります。他方，資金の使い方，学校目標，カリキュラム，教え方，評価の在り方は「親と教師」有志による集団により決められています。このような「親と教師」有志による集団による学校の設置については，教育委員会との間でチャーター（契約）を交わさねばならないところから，「チャーター・スクール」という名称で呼ばれています。（鵜浦裕『チャーター・スクール―アメリカ公教育における独立運動―』勁草書房，2001年，および，チェスター・E・フィンJr.他著，高野良一監訳『チャータースクールの胎動―新しい公教育をめざして―』青木書店，2001年を参照されたい。）

　少し横道にそれますが,『地域とともにある学校』という概念こそ，

オルセン（Olsen）が1945年の著作で言及したものです。1930年ころのアメリカで使われ始め，工業化，都市化の進展に伴って，地域社会の崩壊，人間関係の希薄化が顕著になり，学校に地域の統合の中心的機能を期待して作られた概念です。戦後，日本にも紹介されました。

なお，今日，アメリカで学校選択制が一般化している地域では，指定されている通学地域から子供たちが通学している学校をコミュニティ・スクールと呼びます。日本の多くの公立学校はコミュニティ・スクールというわけです。

(2) 首長がリードする「総合教育会議」に広がりが見られる

平成23年10月に大津市で起きた「いじめによる自殺事件」を巡って，学校・教育委員会の隠ぺい体質が問題となり，全国的な関心を呼びました。学校長の「いじめた側にも人権がある」という発言が問題を大いにこじらせました。翌年，遺族が大津地方裁判所に「損害賠償請求」を求めて提訴しました。その裁判の過程で，大津市長と教育長との対応の違い，すなわち，市長が和解を求めたのに対して，教育長は「いじめと自殺との関連性は判断できない」として争う姿勢をしめし，ここに自治体と教育委員会とのかかわりが大きな社会問題として関心を呼ぶに至ったのです。

また，平成24年12月に起こった大阪市立桜宮高校のバスケットボール部の顧問による「体罰による自殺事件」も全国的な関心を呼びました。当時の橋下徹大阪市長は翌年1月に，バスケットボール部の顧問による体罰が横行していた実態を明らかにし，教育委員会は同校の隠ぺい体質を非難し，校長の更迭とバスケットボール部の閉鎖を決定しました。この事件も地方自治体，教育委員会，学校のかかわりについて，全国的な関心を高めるものとなったのです。

このような背景のもとに，平成25年12月，中央教育審議会は自治

I 私たちは、どのようにして、「カリキュラム・マネジメント」に対応しようとしているのか

体、教育委員会と学校の間の齟齬の解消を目指して、答申をまとめ、平成26年5月、地方教育行政法（『地方教育行政の組織及び運営に関する法律』）の改正がなされ、翌年4月に施行されました。

施行された改正地方教育行政法では、「総合教育会議」の設置が地方自治体に義務付けられ、地方自治体の首長が総合教育会議をリードし、教育施策の基本方針などを話し合う場として位置付けられ、今日に至っています。地方公共団体の長がリードする総合教育会議が地方教育行政の中心的な機関となったのです。平成27年12月1日時点で、全国の91％に相当する1,626地方自治体が総合教育会議を開催したと報道されています。

この総合教育会議は、「首長と教育委員会が教育行政の大綱や重点的に講じるべき施策等について協議・調整を行う場であり」、「予算や条例提案等に加え、保育や福祉等の首長の権限に関わる事項等について、協議し調整を行うほか、教育委員会のみの権限についても協議（＝自由な意見交換）を行うことが想定されます」と言われています。また、「大綱は、予算や条例提案等の首長の権限に関わる事項について定めることが中心となると想定していますが、たとえば、首長の権限に関わらない事項である教科書採択の方針、教職員の人事異動の基準等についても、教育委員会が適切と判断して、首長が大綱に記載することも考えられます」とも言われています。

より具体的に、予算の権限を持つ首長を中心に構成された総合教育会議で、次のような事項が協議されると言われています。「公立学校の設置・管理・廃止、教職員の人事、教育課程・生徒指導、教科書・その他の教材の取り扱い、施設設備・整備、社会教育、スポーツ・文化・文化財」といった項目が挙げられています。これらの項目はこれまでの教育委員会で取り扱われてきた項目ですが、その協議を首長がリードする総合教育会議で「大綱」を決定しようというのです。

明らかに，ここでは「大綱」のレベル，すなわち，どこまで詳しくこれらの項目に入りこむか，ということが問題になります。実は，地方自治体の首長がかかわるべき「予算」とかかわりのない項目はない，と言ってもよいのです。確かに，学校の改修や新築や文化・文化財の維持管理に比べて，教育課程・生徒指導，教科書などの項目は予算規模が大いに違います。今や，教材や施設設備にかかわる国からの補助金は一般交付金として，自治体に一括送付されていますので，これを教育に用いるかどうかは首長の判断が大きな要素になります。少し前のことになりますが，埼玉県の志木市で起きた少人数指導をめぐる学級規模の問題も，市の予算を必要とするものでした。

(3) 「レイマン・コントロール」が強化される

　以上見てきたように，改訂されたこの法律の施行（平成27年4月1日）に際して，これからの教育委員会の役割の1つは地域住民の民意を十分に反映することにあるとされました。さしずめ，選挙で選ばれた首長が総合教育会議をリードする中で反映できると考えられたと言ってよいでしょう。

　より直接的には，地域運営学校（コミュニティ・スクール）の運営協議会は次のような人々で構成すべきである，と言われています。「自治会長，公民館長，PTA会長，支援本部コーディネーター，婦人会長，青年会議所代表，おやじの会代表，同窓会代表，伝統芸能保存会代表，民生委員代表，接続する中学校の校長，学校担当指導主事，当該校校長など」レイマン（一般人）を含む人々です。

　また，協議会で協議する議題は，法律によって，①学校運営に関する「基本的な方針の承認」，②学校や教育委員会への意見の申出，③教職員の任用に関する意見の申出となっています。最後の章で述べますが，学校は「カリキュラム・マネジメント」を行うために『カリキュラム・マ

Ⅰ　私たちは，どのようにして，「カリキュラム・マネジメント」に対応しようとしているのか

ネジメント委員会』を設置しなければなりませんが，運営協議会のメンバーはこの委員会の中心メンバーになると考えられます。

(4)　『カリキュラム・マネジメント委員会（学校評価委員会）』を設置する

　学校が新しい"学校評価"と目される「カリキュラム・マネジメント」を家庭・地域と連携・協働して行うために，学校内に『カリキュラム・マネジメント委員会』あるいは『学校評価委員会』を設置することになります。

　第Ⅵ章の1節（130～131頁）で再びふれる予定ですが，学校からは，学校長をはじめとする管理職と研究推進委員会のメンバー，それに，中学校や高等学校では子供たちの代表がこの委員会に参加します。家庭・地域からは，この章で述べてきた「学校評議員」と「学校運営協議会」のメンバー，あるいは，「学校教育関係者」が参加します。さらに，一般社会から，「学校のカリキュラム」に詳しい教育関係者も加わるべきでしょう。

　なお，上で述べてきたように，現在のところ，「学校運営協議会」はおよそ9％の学校にしか設置されていませんが，今後，急速な広がりが期待されますので，『カリキュラム・マネジメント委員会（学校評価委員会）』は，学校とこの協議会のメンバーで構成されていくものと考えられます。「学校運営協議会」に学校評価の役割が期待されつつあるのです。

II
学校と地域社会は，何を目指して，カリキュラム・マネジメントを行うべきか

・・・・・・・・・・・ プロローグ ・・・・・・・・・・・

　前章で見てきたように，学校は「学校評議員」や「学校運営協議会」などと連携・協働して，カリキュラム・マネジメントを行うことになるでしょう。「トランス・サイエンス（超科学，科学を超えた問題）」という社会技術論は，「パブリック・プレイス（公共空間）における社会的対話」を醸成し，「専門家」と「レイマン（一般人）」の連携・協働の重要性を主張してきています。

　カリキュラム・マネジメント（教育課程経営）の起点は「何ができるようになるか」という学校の教育目標の設定です。もちろん，学校教育法や学習指導要領などに従って設定していくことになるのですが，改めて，予測が困難な，激しく変化する時代に生きる子供たちが持つべきコンピテンシー（資質・能力）について，学校と地域社会が熟慮することが求められているのです。**従来，学校の教育目標は学校教育法や学習指導要領などに明示されていて，学校は「地域や子供の実態」に配慮して「学校の教育課程」を編成するという在り方でした。しかし，次期学習指導要領は地域社会に，学校の教育目標の設定に加わるように求めている**のです。このことは極めて大きな政策転換を意味します。

　「はじめに」で述べたように，ここでは，2つの大きな葛藤（ジレンマ）に遭遇するでしょうが，これらの葛藤を乗り越えようとする不断の努力の中にこそ，カリキュラム・マネジメントを推進していくエネルギーが秘められていると考えるべきでしょう。これからの学校は，地域社会と連携・協働して，変化してやまない，答えのない不確実な世界に生きる次世代の子供たちのための教育活動を創造していかねばならないのです。

1 地域社会とともに,「コンピテンシー」の育成を図る

(1) 「コンテンツ（何を知っているか）」から「コンピテンシー（何ができるか）」へ

「知識基盤社会」という言葉は紛らわしい言葉です。文字通り，知識が基盤の社会だから，知識をしっかり身に付ける必要があると考えられ，より多くの知識を身に付けていることが重要であると解釈されかねないのです。知識の質を問うより，量を問うほうがわかりやすいのです。そもそも，学校で行われているテストが知識の量を問題にしてきていますし，上級学校への入学試験でも，広がりのある知識が問われていると言ってよいでしょう。第Ⅷ章で詳しく述べる予定ですが，穴埋め式問題や多肢選択問題を中心としたペーパーテストでは，思考力や判断力や表現力，まして，評価力や構想力や創造力を評価することは到底不可能なことです。せめて，短い記述式問題や小エッセイ，できることなら，小論文や面接といった手法が必要でしょう。

今，「高大接続」について議論されている中で，いわゆる"センター試験"の新しい在り方が議題になっていますが，まさに，この点にかかっています。これまでも常に言われてきたことですが，高等学校への入学試験もそうですが，大学入学試験の在り方を根本的に改革しなければ，「知識基盤社会」は成り立たないでしょう。

次期学習指導要領は，グローバル時代に「生きる力」，すなわち，「資質・能力（コンピテンシー）」の育成を目指すとしています。そのために，教育目標は"何を知っているか"から"何ができるか"へと移すべきである，と主張しています。このスタンスの移動こそ次期学習指導要

領の最大の特徴です。変化の激しいグローバル世界にあって必要とされる「生きる力」を育成するためには，これまでの教育の在り方を大きく変える必要があるのです。「コンテンツ（内容）」から「コンピテンシー（資質・能力）」へ，と一大転換が必要です。この在り方こそ，知識基盤社会にふさわしい教育の在り方である，と言うのです。

　ちなみに，知識基盤社会とは「知識が社会，経済の発展を駆動する基本的な要素である」と定義されています。すなわち，知識が社会，経済の発展を駆動する基本的な要素であるというのならば，知識を獲得することが目標ではなく，獲得された知識が使われねばなりません。たくさんの知識を持っていても，それらを使うことができなければ持っている意味がありません。したがって，知識の習得を目標としてきた，これまでの教育の在り方は変革されなければなりません。

(2)　教育目標としての「コンピテンシー（資質・能力）」とは何か

　『次期学習指導要領等に向けたこれまでの審議のまとめ』（p.7 〜 9，以下，『審議のまとめ』）によれば，次期学習指導要領は"予測困難な時代に，一人一人が未来の創り手となる"ことを目指して作成していると言われています。急速なAI（人工知能）の進化に見られるように，第4次産業革命が進行しつつあり，「子供たちの65％は将来，今は存在していない職業に就く」と言われ，また，経済や文化など社会のあらゆる分野でグローバル化が進行し，「先を見通すことがますます難しくなってきている」と言われています。「学校教育がその強みを発揮し，一人一人の可能性を引き出して豊かな人生を実現し，個々のキャリア形成を促し，社会の活力につなげていくことが，社会的な要請ともなっている。教育界には，変化が激しく将来の予測が困難な時代にあってこそ，子供たちが自信を持って自分の人生を切り拓き，よりよい社会を創り出していくことができるよう，必要な力を確実に育んでいくことが求められて

いる」と言われています。先回りして言いますと，ここで言われている"必要な力"を「コンピテンシー（資質・能力）」と呼んでいるのです。

　国立教育政策研究所で行われてきた次期学習指導要領の改訂をめぐる先行研究で，コンピテンシー（資質・能力）の構造化がなされました。平成25年（2013年）6月の検討会で示された三層構造が今日のコンピテンシーの基礎になっている，と言ってよいでしょう。（国立教育政策研究所『教育課程の編成に関する基礎的研究』平成25年6月27日, p.37）

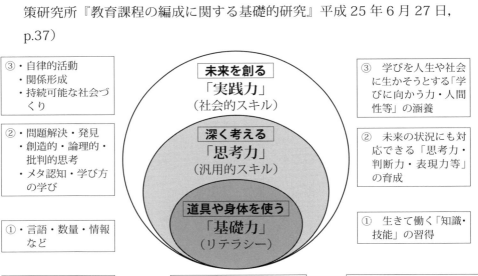

図1　コンピテンシー（資質・能力）の構造

　「キー・コンピテンシー」「コンピテンシー」「21世紀型スキル」「汎用的スキル」などの概念に導かれた，OECDをはじめとして，ほとんどの先進国の教育改革についてレビューがなされています。知識基盤社会はこうした概念の下で形成されていくということがはっきりしてきました。（松尾知明『21世紀型スキルとは何か―コンピテンシーに基づく教育改革の国際比較―』明石書店，2015年に詳しい。）

Ⅱ　学校と地域社会は，何を目指して，カリキュラム・マネジメントを行うべきか

　図1は「基礎力（リテラシー）」を基底において，その上に「思考力（汎用的スキル）」と「実践力（社会的スキル）」を置いた3層の構造として，コンピテンシーを描いています。この学力の基本構造は，OECDをはじめとして，ほとんどの先進国の教育改革についてレビューした結論であると言うのです。

　この学力の基本構造を受けて，『審議のまとめ』（p.26～28）では，次のようにコンピテンシー（資質・能力）を捉えています。

① 「何を理解しているか，何ができるか（生きて働く「知識・技能」の習得）」

　各教科等において習得する知識や技能であるが，個別の事実的な知識のみを指すものではなく，それらが相互に関連付けられ，さらに社会の中で生きて働く知識となるものを含むものである。基礎的・基本的な知識を着実に習得しながら，既存の知識と関連付けたり組み合わせたりしていくことにより，学習内容（特に主要な概念に関するもの）の深い理解と，個別の知識の定着を図るとともに，社会における様々な場面で活用できる概念としていくことが重要となる。

　技能についても同様に，一定の手順や段階を追って身に付く個別の技能のみならず，獲得した個別の技能が自分の経験や他の技能と関連付けられ，変化する状況や課題に応じて主体的に活用できる技能として習熟・熟達していくということが重要である。

② 「理解していること・できることをどう使うか（未来の状況にも対応できる「思考力・判断力・表現力等」の育成）」

　将来の予測が困難な社会の中でも，未来を切り拓いていくために必要な思考力・判断力・表現力等である。思考・判断・表現の過程には，大きく分類して以下の3つがあると考えられる。

・物事の中から問題を見いだし，その問題を定義し解決の方向性を決定し，解決方法を探して計画を立て，結果を予測しながら実行し，振り返って次の問題発見・解決につなげていく過程
・精査した情報を基に自分の考えを形成し，文章や発話によって表現したり，目的や場面，状況等に応じて互いの考えを適切に伝え合い，多様な考えを理解したり，集団としての考えを形成していく過程
・思いや考えを基に構想し，意味や価値を創造していく過程

③ 「どのように社会・世界と関わり，よりよい人生を送るか（学びを人生や社会に生かそうとする「学びに向かう力・人間性等」の涵養）」

　上述の①及び②の資質・能力を，どのような方向性で働かせていくかを決定付ける重要な要素であり，以下のような情意や態度等に関わるものが含まれる。

・主体的に学習に取り組む態度も含めた学びに向かう力や，自己の感情や行動を統制する能力，自らの思考の過程等を客観的に捉える力など，いわゆる「メタ認知」に関するもの。一人一人が幸福な人生を自ら創り出していくためには，情意面や態度面について，自己の感情や行動を統制する力や，よりよい生活や人間関係を自主的に形成する態度等を育むことが求められる。
・多様性を尊重する態度と互いのよさを生かして協働する力，持続可能な社会づくりに向けた態度，リーダーシップやチームワーク，感性，優しさや思いやりなど，人間性等に関するもの。

　要約して言えば，次期学習指導要領は，以上，①生きて働く「知識・技能」，②未来の状況にも対応できる「思考力・判断力・表現力等」，③学びを人生や社会に生かそうとする「学びに向かう力・人間性等」を

"資質・能力の3つの柱"と名付けて，次期学習指導要領の中核に位置付けています。図1に示したように，①は「基礎力（リテラシー）」に，②は「思考力（汎用的スキル）」に，③は「実践力（社会的スキル）」に対応していると考えます。さらに，①の「下位要素」として，具体的に言語，数量，情報などのかかわる知識と技能についての学習活動が考えられています。②は，1）問題解決・発見，2）創造的・論理的・批判的思考，3）メタ認知・学び方の学びについての学習活動が考えられています。③は，1）自律的活動，2）関係形成，3）持続可能な社会づくりについての学習活動が考えられています。

(3) 私たちの手で「コンピテンシー」を探し求めていく時代が始まる

　明治5年の「学制」に始まる日本の近代学校は，富国強兵を国是とし，学校教育は西洋の科学技術文明に「追いつけ，追い越せ」という明確な目標を目指して，邁進してきたと言ってよいでしょう。

　カリキュラム（教育課程）は，修身や国語の一部を除けば，西洋の学問・科学の内容の引き写しであったのです。大学がそのよい例で，「お雇い外国人」教師を高給で雇い入れ，直接，西洋の学問・科学を移入しようとしました。教室も，そこでの指導法もまた，イギリスやアメリカのそれをまねようとしました。開智学校に見られるような校舎と教室を見ればよくわかります。一斉指導（授業）という指導法も，授業での号令のかけ方も，欧米のそれをまねたものと言えます。

　こうした日本の近代学校の在り方は，戦後もそのまま継続されてきたと言ってよいでしょう。国家主義から民主主義に急激に転換を図るために，やはり，イギリスやアメリカのそれをまねようとしました。欧米の民主主義に「追いつけ，追い越せ」というわけです。英語教育における「外国語指導助手（ALT）」に支給される高給は，明治期の「お雇い外国

人」教師を思い出させます。

　昭和33年（1958年）の学習指導要領の改訂は，学校教育の目標に再び，西洋の科学技術の発展を取り込もうとしたものであったと言えます。1957年の当時のソビエト連邦による人工衛星の打ち上げは，日本を含めた西洋諸国を寒心させました。米ソの対立が極めて厳しい「冷戦時代」の出来事です。これに反応して，アメリカは『ナショナル・ディフェンス・エデュケーション・アクト（国防教育法）』という名の法律を作ったほどです。科学技術の最先端の知識・技能を取り込もうと，いわゆる"教育内容の現代化"運動が起こり，多くの国家プロジェクトが始まりました。多くの教科書はノーベル賞級の科学者を「専門家」と呼んで，彼らを中心に作成されていきました。もちろん，日本も例外ではありませんでした。昭和33年（1958年）の学習指導要領の改訂はこうした国際的な背景のもとになされたものです。

　言い換えますと，明治期の近代学校と同じように，戦後の学校は現代科学技術に「追いつき，追い越せ」という明確な目標が課されてきたと言ってよいでしょう。しかし，次期学習指導要領では，教職の専門家（教育委員会・教師）と，子供たちを含んだレイマン（保護者・地域の人々）が連携・協働して，教育目標，教育課程，授業，評価活動にかかわるべきであると考えられているのです。繰り返し強調しておきますが，日本の学校教育の一大転換と言ってよいでしょう。したがって，「カリキュラム・マネジメント」というカタカナ語の持つ意味は極めて深大です。

(4)　学習指導要領は学校の創意工夫のもととなる「学びの地図」である

　今日までの学習指導要領は学校が子供たちに教えるべき教科，目的，内容，一部方法が，それぞれ教科等ごとに，明示されています。例外は，平成10年の学習指導要領で取り入れられた「総合的な学習の時間」で

Ⅱ　学校と地域社会は，何を目指して，カリキュラム・マネジメントを行うべきか

す。繰り返しを恐れないで言えば，明治5年から終戦までは，西洋の科学技術に「追いつけ，追い越せ」「富国強兵」というモットーのもとにあって，学校が子供たちに教えるべき内容等が明示されていました。戦後の「新教育時代」と言われるときに，昭和22年の学習指導要領には，「自由研究」と呼ばれた時間があり，その名のとおり，学校が「自由研究」での学習活動を決めることができましたが，他の教科等では，学校が子供たちに教えるべき教科，目的，内容などが"試案"として示されていました。

　"教育内容の現代化"運動のもとで公にされた昭和33年の学習指導要領では，もちろん，学校が子供たちに教えるべき教科の内容が高いレベルで示されました。以後，今日まで，「総合的な学習の時間」を除けば，子供たちが学校で学ぶべき教科等，目的，内容，一部方法は明示されてきているのです。

　しかし，次期学習指導要領では，大きく，その在り方が違っているように見えます。確かに，学校が子供たちに教えるべき内容は，教育基本法，学校教育法，そして，学習指導要領などにのっとるべきであることは言うまでもありません。しかし，学習指導要領の目指す「コンピテンシー（資質・能力）」を育む学校の教育課程については，それぞれの学校で創意工夫して決めていくべきであると，考えられていると言ってよいでしょう。次期学習指導要領は学校と地域社会が創意工夫して「学校の教育課程」を作成するための「もと」としての「学びの地図」である，というのです。言い換えると，昭和22年の学習指導要領のように，次期学習指導要領は"試案"と言えます。

　次期学習指導要領の改訂を総合的にリードしている言葉は，何度でも強調しますが，"社会に開かれた教育課程"というものです。明らかに，学校が子供たちに教えるべき内容は，もちろん，そこでの方法も"社会に開かれた"ものであるべきです。「審議のまとめのポイント」（平成

28年9月13日に入手)の冒頭「改訂の基本方針」の部分で，下線を引いて，かつ，太字で強調して，次のように言われています。

> ○ "よりよい学校教育を通じてよりよい社会を創る"という目標を学校と社会が共有し，連携・協働しながら，新しい時代に求められる資質・能力を子供たちに育む「**社会に開かれた教育課程**」を実現。
> 　学習指導要領等が，<u>子供たちと教職員のみならず，家庭・地域，民間企業等も含めた関係者が幅広く共有し活用することによって，学校や関係者の創意工夫のもと，子供たちの多様で質の高い学びを引き出す</u>ことができるよう，**学校教育を通じて子供たちが身に付けるべき資質・能力や学ぶべき内容などの全体像を分かりやすく見渡せる「学びの地図」としての役割を果たせるようにすることを目指す。**

後半の太字部分が重要で，学習指導要領は「学びの地図」であり，これを手掛かりにして，子どもと教職員に加えて，家庭・地域，民間企業等の関係者で創意工夫して，子供たちの「深い学び」を引き出せ，と言っているのです。

2　専門家と一般社会人が,「熟議に熟議を繰り返して」，カリキュラム・マネジメントを行う

(1)　学校と地域社会の間にある「グレーゾーン」に挑戦する

前章で，学校と地域社会の連携・協働を進める制度が，『一億総活躍社会』『地方創生』政策にのっとって，着実に作られつつある，と言いました。「学校評議員」「学校運営協議会制度」に始まり，今日では，「地域学校協働本部」や「学校関係者評価委員会」が各地の教育委員会内に設定されています。今日，文科省が最も力を入れているのは，別名

Ⅱ　学校と地域社会は，何を目指して，カリキュラム・マネジメントを行うべきか

コミュニティ・スクールと言われる「学校運営協議会制度」の普及と充実です。

　言うまでもなく，ここで連携・協働する人々は，教職の専門性を身に付けた教育者の人々と専門家ではない保護者や地域の人々です。学習者である子どもたちは，どちらかと言えば，後者に属すると言ってよいでしょう。両者の間には，グレーゾーンと呼んで差し支えない"不明確な領域"が存在してきているのです。いま，両者の間を連携し，両者の間に協働する関係を構築することによって，積極的にグレーゾーンの解消を図るという方向にある，と言ってよいでしょう。この方向は学校教育の「地域化・民主化」にかかわることと考えられます。

(2)　「教職の専門性」を疑う目が増加してきている

　別の角度から見ると，今日，教育委員会，学校，教師という教育の専門家グループと保護者や地域の人々の教育に対する願いや期待との間に大きなズレが生じてきている，と考えられるのです。

　従来，保護者は子供の教育は学校任せにしてきたと言われます。しかし，今日，一部の保護者は，「モンスター・ペアレンツ」と揶揄されるように，学校への不満をあらわにするようになってきています。他方，教師の子供に対する体罰やセクハラが盛んにマスメディアで取り上げられます。また，子供たちのいじめや自殺が報じられ，不登校児は一向に減少していないのです。増加気味ですらあります。

　さらに，子供たちが身に付けるべき"学力"について，学校は保護者の信頼を失っているかもしれないのです。この10年間行われてきている全国学力テストは，本来，全国的な学習到達度を知ることにねらいがあるはずですが，地域によっては，学校間の序列（順位）ばかりが注目されてしまっています。残念ながら，「あの学校が地域で1番とか，2番とか」言われ，中には「うちの学校は地域で一番ドベの学校」などと

言う保護者が出て来ているようです。

　今日の学校教育が直面している最大の課題は，学校が一般社会からの信頼を失っているということでしょう。「教職の専門性」が疑われていて，もはや，教職にかかわる人々だけでは信頼の回復を図ることは不可能という状態にある，と言ってよいでしょう。

　このことは学校教育だけの問題ではなく，大きく人類が発達させてきた科学技術もまた，あまりにも，一般社会からかけ離れた存在になってきており，「科学者の専門性」に疑いの目がかけられてきています。遺伝子組み換え技術の進歩は3人の遺伝子を持った子供の誕生まで可能にしてきています。また，福島県にある原子力発電所の廃炉は遅々として進んでいません。ここでも，もはや，科学者の専門性にだけ頼ることができない状況になっているのです。

(3) 「トランス・サイエンス」は「ローカル・ノレッジ（市民の知識）」を活用していく社会技術である

　科学技術の進歩を人間の調和の上でもっとも望ましい姿に調整する科学と言われる「トランス・サイエンス（超科学，科学を超えた問題）」は「科学に問うことはできるが，科学が答えることができない問題群を取り扱い，しかも，意思決定をしなければならない」という状況に挑戦する社会技術に関する科学です。（藤垣裕子・廣野喜幸編『科学コミュニケーション論』東京大学出版会，2008年に詳しい。）

　科学者が科学技術を発展させてきて，私たちはその恩恵に浴してきたはずです。今日の快適で便利な生活がその結果であることは誰も否定できないでしょう。しかし，科学技術は"諸刃の刃"で，使い方によっては，私たちに害を与えかねない代物であることを誰も知っています。この事実についても，科学者に一任してきてしまっています。しかし，今日明らかになってきていることは，科学者が答えることができない，し

Ⅱ　学校と地域社会は，何を目指して，カリキュラム・マネジメントを行うべきか

かし，随時，解決を目指して意思決定をしなければならない問題群の存在です。

　明らかに，福島県にある原子力発電所の廃炉は遅々として進んでいない事実を意識して，国の『科学技術基本計画』は，特に第4次基本計画（平成23年8月19日）以後，今後の科学技術政策の基本方針として，「社会とともに創り進める政策の実現」を標榜してきています。ただし，この場合，「社会とともに」とは科学技術の成果を国民と共有するということ，および，地場産業の育成に力点があるようです。しかし，科学者，研究者と言われる専門家に加えて，一般社会人や地域の人々を取り込んでいくことの重要さが指摘され始めていると，言えそうです。

　言い換えると，"市民の知識"と訳される「ローカル・ノレッジ」の重要性が認められ，その活用が考慮されるようになり，科学者が答えることができない，しかし，随時，解決を目指して意思決定をしなければならないプロセスに，「ローカル・ノレッジ」が活用されつつあると言えるでしょう。改めて言うまでもなく，学校教育はすべての人々の関心事であり，いまや，「教職の専門性」を主張する教育委員会，学校，教師が独占するものではなくなりつつあるのです。

(4)　「公共空間」の中で「熟議に熟議を繰り返すこと」が重要になる

　当然のことですが，学校と家庭や地域社会が連携・協働することとは，単に両者が参加していればよいという形式の問題ではないことは確かです。次の3つの観点をめぐって，両者が，双方性コミュニケーションを通して，熟議に熟議を繰り返し検討することが重要になってくると考えられます。

1）　何のための教育かという観点：社会の期待と懸念を聴くこと

> 2）「社会の中の教育」という観点：教育者グループの内部の革新性と社会が求める課題解決としての革新性のバランス
> 3） 教育の可能性と限界という観点：不確実性と向き合う勇気

　双方性コミュニケーションが保証される「公共空間」，現在では，学校運営協議会制度での「コミュニティ・スクール」という場で，これらの観点から真剣に検討される必要があります。実は，「カルキュラム・マネジメント」はこのことに基礎を置いているのですが，実際は，とてもむずかしいことです。

　前章で述べましたが，私は東京にある中学校で2年間「学校評議員」をしました。私以外に，PTAの会長，父母の代表，地域の代表，5人ほどが評議員でした。ほとんどの時間が校長と副校長による学校の教育課程の説明でしたが，そこで，使われる言葉が評議員の方によく理解できないように思われました。たとえば，少人数指導，ティーム・ティーチング，問題解決学習，総合的な学習などといった言葉です。もちろん，おおよそのことは理解されているとしても，それらの言葉をめぐって質問したり，検討したりすることはできない状況でした。

　また，東京にある1つの教育委員会で学校の統廃合に関する委員会，もう1つの委員会で「教育ビジョン作成」に関する委員会の委員をしました。こうした委員会は校長会，PTAや地域の代表で構成されているのですが，ここで使われる言葉も教育関係者でないと理解しにくいものでした。その上，教育委員会側の説明が，法，条例，規則，その上，慣習を背景にしていて，むずかしいのです。時間的に言っても，いちいち説明しているわけにもいかないのです。ここに，教育の専門家と一般社会人の間にはっきりした"溝"が意識されるのです。したがって，両者の双方性コミュニケーションは，両者の関心が高ければ高いほど，"リスク"を伴うものとなるに違いないのです。実は，学校と家庭や地

域の連携・協働はとてもむずかしいことで、まして、「ローカル・ノレッジ」を取り込むためには、両者が平等な地平に立ち、かつ、「熟議に熟議を繰り返すこと」の覚悟が不可欠です。

3　自律性・地域性を確保するカリキュラム・マネジメントを創る

(1)　学習者（子供たち）を忘れていないか

前章で見てきたように、「カリキュラム・マネジメント」にかかる関係者（アクター）として、「教職の専門家（教育委員会、学校と教師）」に加えて、「レイマン（専門家でない保護者と地域の人々）」の参加が明確になってきています。言い換えると、「教職の専門家」に独占されていた学校教育に、「レイマン」が参加して、学校のカリキュラムをマネジメントして、そこに改善を目指した好循環を創り出していこうというのが、今後の学校経営の在り方になりつつあるということです。

ここで付け加えておかねばならないことは、教育を受ける学習者（子供たち）もまた、アクターの一員であるべきであるということです。生産者（メイカー）に対する消費者（ユーザー）の立場にある学習者もまた、重要な関係者であることは確かです。成人ではない、未熟である、判断力が十分ではない、さらには、思慮がないなどといった理由から排除することは民主的ではないばかりか、合理的ではないはずです。

先にも述べましたが、1957年、当時にソビエト連邦による人工衛星の打ち上げに西欧諸国が受けたショックを「スプートニック・ショック」と言いますが、このショックから生まれた"教育内容の現代化"運動の中で、多くのカリキュラム開発のためのプロジェクトが立ち上げられました。そのとき、J. B. マクドナルドは"責任ある"カリキュラ

を開発すべきであると主張しました。彼のカリキュラムに対する主張は，私たちが今日問題としている「カリキュラム・マネジメント」にとっても極めて重要です。

　彼は次のように言うのです。"責任ある"とは「学校教育にかかわる主要な要因と人物を適切に考慮する」ということであると言うのです。新しいカリキュラムは「人間と人間が織りなす，機敏を要する，偶発的な事柄に向かっている」べきであると言い，「専門家，教育学者，学校関係者，父母，さらに，生徒をカリキュラム開発の過程に参画させる。この環状型の開発モデルを志向する」べきであると続けて言うのです。（E. W. アイスナー編著，加藤幸次他訳『カリキュラム改革の争点』黎明書房，1974年，p.175〜208）

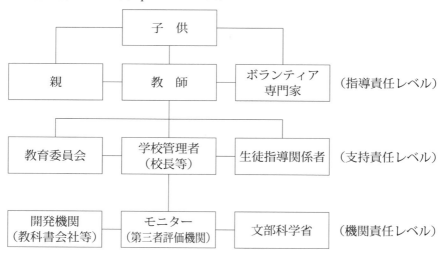

図2　"責任ある"カリキュラム・マネジメントのための組織

　この図は，J. B. マクドナルドの「"責任ある"カリキュラム開発」に対するコメンテーターであるR. E. シュッツのコメントを参考に，「"カリキュラム・マネジメント"にかかわる主要な人物と機関を適切に考慮して」作成したものです。3つの層より構成したのですが，最上層は授

業場面に参加する人物，すなわち，教師と子供たちと父母です。この層こそ，第Ⅴ，Ⅵ章で言及するアクティブ・ラーニングにかかわる人たちです。中間層は「カリキュラム・マネジメント」を実際に行う人物と機関，すなわち，学校管理者（校長，教頭など）と教育委員会と地域学校関係者で，その中核をなすのは学校管理者です。最下層は，今日までの「カリキュラム・マネジメント」には含まれていませんが，「学校評価支援組織」や「第三者評価機関」です。詳しくは，第Ⅶ～Ⅷ章でふれますが，1992年に設立されたイギリスの「OFSTED（教育水準局）」のような外部評価機関です。これがカリキュラム・マネジメントに必要な全体的な組織構造です。

　重要なことですので指摘しておきますと，今日までのカリキュラム・マネジメントはもっぱら最上層と中間層に焦点が当てられ，重要な最下層について，全くというほど，ふれられていないことです。カリキュラム・マネジメントには，しっかりした外部からの支援が不可欠に違いないのです。

(2)　「組織マネジメント」から「カリキュラム・マネジメント」へ

　繰り返しますが，次期学習指導要領は「社会に開かれた教育課程」というキーワードによって導かれています。このキーワードについて，次期学習指導要領の『審議のまとめ』は次の3つの点が重要であると言います。

---

1)　社会や世界の状況を幅広く視野に入れ，よりよい学校教育を通じてよりよい社会を創るという目標を持ち，教育課程を介してその目標を社会と共有していくこと。

2)　これからの社会を創り出していく子供たちが，社会や世界に向き合い関わり合い，自らの人生を切り拓いていくために求められる資質・能力とは何かを，教育課程において明確化し育んでいくこと。

> 3) 教育課程の実施に当たって，地域の人的・物的資源を活用したり，放課後や土曜日等を活用した社会教育との連携を図ったりし，学校教育を学校内に閉じずに，その目指すところを社会と共有・連携しながら実現させること。

　1)では，これからの学校教育の目標にかかわって，"よりよい社会を創るという目標"を社会と共有していくことの重要性が主張されています。2)では，コンピテンシー（資質・能力）の育成ということを教育課程のレベルで明確にすべきである，と言われているのです。3)は，従来，学校経営について言われていた「組織マネジメント」にかかわることで，地域の人的・物的資源を活用して特色ある学校づくりを目指す学校経営のことです。

　ここで重要なことは，新しい「カリキュラム・マネジメント」という概念のもとでの学校経営に 1)と 2)が加わったことです。言い換えると，新しい学校経営では，"よりよい社会を創るという目標"を社会と共有していくことが求められ，また，"よりよい社会を創るという目標"を具現化する教育課程を編成することが求められていることで，この 2 点において，従来の「組織マネジメント」を超えていると言ってよいのではないでしょうか。2)については，次の第Ⅲ章と第Ⅳ章で考えることとして，この章では，1)の"よりよい社会を創るという目標"を社会と共有していくことに焦点を当てて考えてきたつもりです。

　付け加えておきますと，従来の学校経営は「組織マネジメント」と言われ，学校が活用可能な人的，物的，資金的，情報的資源を活用して，"特色ある学校づくり"を目指すことにあったのです。それに対して，カリキュラム・マネジメントという新しい学校経営の在り方は，文字どおり，「カリキュラム」に力点を置いて，学校をマネジメントすることを意味します。

III
学校は，どのような考えに基づいて，「学校の教育課程」を編成すべきか

・・・・・・・・・・・プロローグ・・・・・・・・・・・

　この章と次の章では，「何を学ぶか（教科等を学ぶ意義，教科等間や学校段階間のつながりを踏まえた教育課程の編成）」という教育内容に焦点を当てて考えていきます。"社会に開かれた教育課程"というモットーに導かれ，学校と地域社会が連携・協働していくとしても，教育課程の編成に関しては，教師たちが持つ専門性を発揮することが期待されることは当然です。しかし，全教科担任制の小学校の教師はまだしも，教科担任制の中・高等学校の教師は，自分が担当している「教科」について「教科課程」には関心を持ってきているのですが，「学校の教育課程」については関心を持ってこなかった，と言ってよいでしょう。

　まず，「教科学習」ついてですが，学際的・総合的な視点から見直されてきていることを指摘したいのです。8つほどの教科が，「教科の系統性」の名のもとに，縦割りされてきた今日までの在り方は修正されるべきです。時代は知識の専門化・高度化から学際化・総合化に向かって動いてきています。

　次に，**ここでは，「教科等横断的な視点に立った学習（クロスカリキュラー学習）」に焦点を当てたいのです。なぜなら，教科等横断的な学習の編成が次期学習指導要領の中心的テーマであり，かつ，各学校が"主体的に編成しなければならない学習"である，と位置付けられているからです。**にもかかわらず，教師たちはその意義も，具体的な姿もよく理解できないでいる，と考えられるのです。言語能力，情報（資料）活用能力の育成，あるいは，国際理解教育，環境教育などは，各教科のいくつかの単元の中に「埋め込まれた」形で行われているにすぎないのです。**明らかに，教科間・領域間に新しい"関係性"が求められているはずです。**

1 分化と統合のバランスを図り，教育課程に新しい一貫性・系統性を持たせる

(1) 「3アールズ」の習得と「福音書」の暗唱から始まった

　まず，ここでは，「教科等横断的な視点に立った学習」のことに入る前に，「教科学習」について，少し考えておきたいのです。なぜなら，次期学習指導要領でも，各教科に割り当てられる授業時間数は全く変わらず，教科学習の教育内容や教育方法が変えられるとしても，その重要性に変化はない，と考えられます。道徳が教科になり，小学校の英語が前倒しされることくらいの変化です。しかし，実は，近年，教科学習の全体的，総体的な在り方は着実に変化してきて，以前とは大いに異なっていることに注目したいのです。結論から言えば，専門化・高度化から学際化・総合化へと変化してきているのです。

　私たちは，ごく自然に，学校は国語，社会，算数・数学，理科など「教科」を教えるところと考えていますが，実は，教科はそれぞれの時代の要請を受けて変化してきているものです。今では「基礎教科」と呼ばれる国語，社会，算数・数学，理科がどのようにして生まれ，いつのころから教科として学校という舞台を飾ってきたか，と考えることは興味のあるところです。

　18世紀末から19世紀に始まった第1次産業革命期に，イギリスでは近代学校の先駆とみなされる教会学校や私塾学校（デーム・スクール）などが盛んになり，そこで教えられていたことは極めて実学的で，"3アールズ（3R's, reading〈読み〉, writing〈書き〉, arithmetic〈計算〉）"と言われる読み書き算術でした。それに，福音書の暗唱でした。同じことが，江戸時代の寺子屋についても言えるのです。ただし，寺子

III 学校は，どのような考えに基づいて，「学校の教育課程」を編成すべきか

屋では，福音書に代わって，行儀作法でした。

(2) 科学・学問の専門化・高度化に伴って，教科は分化してきた

19世紀の末に始まったと考えられる第2次産業革命のころ，学校は人類の創り出してきた「文化遺産の伝達」の場と化していきました。この時代は，同時に，帝国主義の時代であって，学校が「国民形成」の場と化しました。

このころに，先進諸国は近代学校制度を競って整え，学校は産業発展を目指して，読み書き算術すなわち国語と数学に加えて，化学・物理・生物・地学などを加えていきました。社会科（ソーシャル・スタディ）は20世紀の初めにアメリカで形成された教科ですが，ヨーロッパ諸国では，今でも，地理，歴史，政治，経済といった別々の教科です。20世紀に入ると，学問・科学の発展が急速になり，知識の量は幾何級数的に増加してきました。学問・科学の専門化・高度化が進み，それに伴って，学校での教科は「分化」され，多くの教科目が登場してきました。

前章でもふれましたが，1957年のソビエト連邦によるスプートニクの打ち上げ以後，極めて顕著になりました。アメリカでは1958年『国防教育法（ナショナル・ディフェンス・エデュケーション・アクト）』が成立し，専門化・高度化した学問・科学の最先端の知識を教育課程に取り入れた，特に，自然科学の領域でのカリキュラムが作成されたことはよく知られています。SMSG数学，SCIS科学，ESSP理科，MAN人類学カリキュラムなどが有名です。イギリスや西ドイツでも同様なカリキュラム開発がなされました。日本では，昭和43年（1968年），学習指導要領の改訂に反映され，教育内容が一挙に専門化・高度化され，後に「落ちこぼれ」と言われる子供たちを生み出すことになりました。

こうしたカリキュラム開発に参加した人々はノーベル賞受賞者や最先

端の学者・科学者でした。こうしたその分野の専門家を集めて開かれたのがウッズ・ホール会議です。その結果をまとめたJ.ブルーナーの『教育の過程』は，"科学の基本的概念は教育の早い段階から教えることができる"とし，"スパイラル・カリキュラム"を提唱しました。全世界の教育内容の編成に多大な影響を及ぼしたことは，私たちの記憶に新しいところです。

(3) 大学にある「親学問」の学際化・総合化の進展に合わせる

　他方，平成3年（1991年）の「大学設置基準の大綱化」の結果，専門教育が重視される教育課程に大きな変化が生じ，専門教育の学際化・総合化が顕著になりました。ちなみに，このころから学際化という英語，「インターディシプリナリ」という言葉が盛んに用いられるようになりました。

　今のところ，「高大接続」が問題になっていて，もっぱら，大学入試に焦点が当てられていますが，実は，高校と大学の間の教育課程上の接続関係も大きな問題なのです。小・中・高校の教育課程は系統主義・教科主義に導かれていて，そこには，一貫性，系統性があると考えられているのですが，実は，大学にある"親学問"が，特に「大学設置基準の大綱化」以後，大きく変化してきていて，高校と"断絶"した関係になりつつあるのです。

　確かに，国語は国語学科や国文学科に，英語は英語学科や英文学科にというように，大学の学科につながっているように見えます。しかし，実際には，大学の"親学問"は大きく変化し，従来の学問体系は崩れてきているのです。今では，"国際""情報""総合""グローバル"などの言葉のつく学部や学科が幅を利かせているのです。また，国際教養学部，国際情報学部，総合科学部，グローバル環境学部などの名称がごく

Ⅲ　学校は，どのような考えに基づいて，「学校の教育課程」を編成すべきか

一般的です。科学・学問の専門化・高度化の流れは学際化・総合化の流れの中に合流させられつつあるのです。データによれば，こうした学際的，総合的な学部名は517を数え，学科名はさらに多くなっているのです。

2　学校の教育課程は「教科学習」「教科横断的学習」「領域横断的学習」と「総合的学習」の組み合わせで編成する

(1)　教科等横断的な視点に立った学習（クロスカリキュラー学習）は「教科横断的学習」「領域横断的学習」と「総合的学習」になる

　次期学習指導要領は「教科学習」を学際化・総合化の流れの中で再編しようとしていると考えるのですが，次期学習指導要領のもう1つの意図は「教科等横断的な視点に立った学習」を重視する形で，教育課程を編成するという方向にある，と考えます。『審議のまとめ』で何度も言われているように，なんと言っても，次期学習指導要領の特色は「教科等横断的な視点に立った学習」にあるからです。そして，この学習は「教科等横断的」と言われるように，小・中・高等学校の教育課程における"学際化・総合化"の動きです。

　実は，現行学習指導要領の「総則」を読めばわかるように，現在でも，学校が学際的・総合的な学習を行うことは可能です。しかし，そうした学際的・総合的な学習に力点を置いた「学校の教育課程」を編成している学校はほとんどありません，私の偏見かもしれませんが，「総合的な学習の時間」を全く行わない学校さえ存在してきているのです。

　「教科等横断的な視点に立った学習」について，『審議のまとめ』（p.22）は，次のように言います。

> 1) これからの時代に求められる資質・能力を育むためには，各教科等の学習とともに，教科等横断的な視点に立った学習が重要であり，各教科等の学習の充実はもとより，教科等間のつながりを捉えた学習を進める必要がある。
> 2) そのため，教科等の内容について，「カリキュラム・マネジメント」を通じて相互の関連付けや横断を図り，必要な教育内容を組織的に配列し，各教科等の内容と教育課程全体とを往還させるとともに，人材や予算，時間，情報，教育内容といった必要な資源を再配分することが求められる。
> 3) 特に，特別活動や総合的な学習の時間においては，各学校の教育課程の特色に応じた学習内容等を検討していく必要があることから，「カリキュラム・マネジメント」を通じて，子供たちにどのような資質・能力を育むかを明確にし，それを育む上で効果的な学習内容や活動を組み立て，各教科等における学びと関連付けていくことが不可欠である。

ここで言われている「教科等横断的な視点に立った学習」は次の2つの類型に分けられる，と考えます。まずは，国語，社会，算数・数学など「教科」の学習内容や活動につながりを持たせた学習（類型A：教科横断的学習）です。各教科が1つの学問領域より構成されていると考えると，この学習は"学際的"で，具体的には，2つ以上の教科の教育内容や活動につながりを持たせた学習です。そこには，「関連型」と「合科型」が考えられます。

次に，教科，総合的な学習の時間および特別活動の「領域」の学習内容や活動につながりを持たせた学習（類型B：領域横断的学習）です。この学習は"総合的"で，具体的には，1つのテーマあるいはトピックの下で「生活型」と「総合型」の学習活動が展開されます。

Ⅲ　学校は，どのような考えに基づいて，「学校の教育課程」を編成すべきか

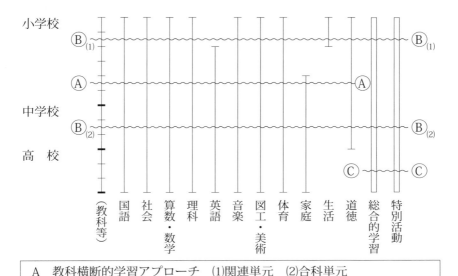

図3　教科等横断的な視点に立った学習（クロスカリキュラー学習）の類型

　さらに，前頁の上の3）で言われているように，もともと，類型Cの総合的な学習の時間および特別活動の学習内容や活動は「教科等横断的な視点に立った学習」の1つと考えられます。

　このように捉えてみると，次期学習指導要領が求めている「学校の教育課程」は，(1)「教科」の学習，(2)「教科間」にまたがる学習，(3)「領域間」にまたがる学習，および(4)総合的な学習の時間および特別活動における学習活動で編成されるべきであると，理解されます。それぞれの学校は，これらの学習活動のどこに，なぜ，どれだけ重点を置いて「学校の教育課程」を編成するのか，検討することになるはずです。現在までの在り方は(1)が中心で，(4)も少しは行うというもので，(2)や(3)にはほとんど無頓着という状態です。次期学習指導要領はグローバル時代に生きる力としての「資質・能力」の育成を目指していて，「教科等横断的

な視点に立った学習」に賭けている，と言って過言ではないでしょう。

　2点，追加しておきたいと思います。1つは，イギリスでは，(2)教科間にまたがる学習に「クロスカリキュラーなテーマ学習」と名付け，学際的，総合的な学習を行ってきています。環境学習，麻薬防止学習や安全・安心学習などが行われています。日本では「クロスカリキュラム」と言われ，よく知られている英語ですが，「クロスカリキュラー」という形容詞はあっても，「クロスカリキュラム」という名詞はありません。

　もう1つは，今回，高等学校に第1学年の必修科目として，「言語文化」「歴史総合」「地理総合」「公民」「英語コミュニケーションⅠ」「家庭総合」などのように，"分野"が統合された"新しい教科"が登場しようとしています。また，「理数探究基礎」「理数探究」は理科と数学という"教科"が統合された"新しい教科"です。これらは教科ですので，教科書が作成されます。

(2) 「教科等横断的な視点に立った学習」は学校が創意工夫して創り出すべきである

　改めて確認しておきたいのですが，日本には，教育課程の編成について，国と学校の間に暗黙の役割分担があります。文部科学省が学習指導要領と言われる「国の教育課程」を制定し，それに基づいて教科書を制作し，学校と子供たちに配布します。それぞれの学校は，学習指導要領に基づきながら，「子供や地域の実態」に配慮して「学校の教育課程」を作成することになっています。

　英語では，カリキュラムの「構成（コンストラクション）」という言い方をしますが，日本では，カリキュラムの「編成（オーガナイゼイション）」と言われるのは，「国の教育課程（学習指導要領）」を受けて，各学校が「学校の教育課程」を作成するという体制を表した言葉です。ただし，従来，学校や教師たちは「学校の教育課程」づくりに熱心とは

Ⅲ　学校は，どのような考えに基づいて，「学校の教育課程」を編成すべきか

言いがたく，「はじめに」でも述べたように，教師は「教科書を教える」ことに熱心で，「教科課程」には関心を示しますが，「教育課程」への関心は決して高くありません。

　しかし，次期学習指導要領は「教科等横断的な視点に立った学習」を重視していて，学校が編成する「学校の教育課程」の中に，「教科等横断的な視点に立った学習」を創意工夫して創り出し，位置付けることを求めているのです。「重要となるのは，"この教科を学ぶことで何が身に付くのか"という，各教科等を学ぶ意義を明らかにしていくことに加えて，教科等を越えた視点で教育課程を見渡し，教育課程全体としての効果が発揮できているかどうか，教科等間の関係性を深めることでより効果を発揮できる場面はどこか，といった検討・改善を各学校が行うことであり，……。」(『審議のまとめ』p.13)

　これは私の邪推ですが，教科書という形式の中で，複数の教科あるいは領域にかかわる「教科等横断的な視点に立った学習」を保証することは難題で，結局のところ，それぞれの学校が「学校の教育課程」の中で創意工夫していかざるを得ないのではないか，と考えます。しかし，より重要なことは各学校が「教科等」の関係性を重視し，自ら「教科等横断的な視点に立った学習」を創り出すべきである，としていることです。私たちが創り出してきた学習単元については，代表的なものを次の章で紹介します。これらを参考にして，それぞれの学校が「教科等横断的な視点に立った学習」を創っていってほしいと願っています。

(3)　従来以上に，より積極的に「現代的な諸課題」に取り組む

　次期学習指導要領が「教科等横断的な視点に立った学習」を重視する理由を私なりに考えてみると，ますますグローバル化する世界にあって，学校教育は，たとえば，国際理解教育，環境教育，キャリア教育，

主権者教育など「現代的な諸課題」への対応を迫られている，と考えています。極端な言い方ですが，「教科」として"国際理解科，環境科，キャリア科，主権者教育科"を創出し，系統性を持って，小・中・高・大学を通して教えられるべき時代に来ている，と認識すべきかもしれませんが，従来からの諸教科との整合性がついていないのが現状です。さらに10年後の2030年に予想される次々の学習指導要領の改定では，こうした「教科等横断的な視点に立った学習」が「新しい教科」として導入されるかもしれません。

　これまでの学習指導要領でも，こうした「現代的な諸課題」の取り組みは，まさに，"教科等横断的学習"で取り扱うか，あるいは，総合的な学習の時間や特別活動の中で行うかというものでした。前者について言えば，たとえば，国際理解教育は社会科，英語，時に，国語のいくつかの単元の学習をつないで計画し，授業を行う学校もないわけではないのですが，多くはありません。国際理解教育というテーマで研究指定を受けた学校に限られてきている，と言って過言ではないでしょう。近年，持続可能な開発のための教育（ESD）が盛んですが，同じことが言えそうです。後者，すなわち，総合的な学習の時間や特別活動の中で行うという在り方は，行う学校もあれば，行わない学校もあるという状況を生み出してきています。

　現状では，「教科等横断的な視点に立った学習」はこのように極めて消極的な「現代的な諸課題」への取り組みになっているのではないか，と私は考えるのです。次期学習指導要領はこうした在り方に風穴を開け，「教科等横断的な視点に立った学習」を重視することによって，「現代的な諸課題」に対する積極的な取り組みを図ろうとしている，と考えたいのです。これは私の邪推ですが，それほど「現代的な諸課題」の対処が緊急性を帯びて来ている，と考えられるからです。

Ⅲ　学校は，どのような考えに基づいて，「学校の教育課程」を編成すべきか

3　カリキュラム編成に関する類型を再構成する

(1)　リソースは「科学・学問の成果」と「現代的な諸課題・個人的問題」である

　ここでは，少しばかり原点に返って，この章でのテーマである子供たちは「何を学ぶか」について考えたいのです。別な角度から言うと，学校はカリキュラムを何から構成すべきか，というリソース（資源）について考えたいのです。カリキュラム（教育課程）が作られてきた歴史を振り返ってみると，人類が蓄積してきた「科学・学問の成果」と人間が当面する「現代的な諸課題・個人的問題」の２つのリソースが考えられてきているのです。

　結論から先に言えば，現行学習指導要領は前者に主軸を置きながらも，後者にも多少力点を置いているというものです。さらに，次期学習指導要領も現行の在り方を引き継ぎつつも，後者に今まで以上に重点を置いていくように理解されるのです。加速度的な変化に遭遇して，複雑で予測困難なグローバル時代に生きなければならない次世代の子供たちには，人類がこれまで蓄積してきた「科学・学問の成果」を身に付けると同時に，人間が当面する「現代的な諸課題・個人的問題」の解決に貢献する能力を身に付けてくれることを期待しているのです。

　次の節で述べる予定ですが，両者は本来異なった原理から構成されている教育活動です。しかし，次期学習指導要領は「コンピテンシー（資質・能力）」の育成という目的の中で，両者をバランスよく取り入れようと目論んでいるように見えます。（加藤幸次編『教育課程編成論』玉川大学出版部，2010年に詳しい。）

(2) 「知識基盤社会」への具体的な対応を考える

　少し横道にそれることを自覚していますが，重要なことなので，考えておきたいことがあります。スプートニク・ショックを受けて開かれたウッズホール会議での検討をまとめた，1960年に刊行されたJ. ブルーナーの報告書『教育の過程』に見られるものは，まさに，専門化・高度化していく科学・学問への教授学的対応にあったのです。2006年のOECDの蔵相会議で提案された「知識基盤社会」という概念は，科学・学問の果たすべき社会的役割について提言したものと言えます。重要なことは，両者の間の科学・学問（知識）の捉え方にあるのです。前者では，専門化・高度化する科学・学問（知識）の習得が目指され，いかに効率的に習得させるかが問われ，ブルーナーらの有名な提言となったのです。それに対して，後者では，知識は「社会を駆動するもの（社会のあらゆる領域での活動の基盤）」と捉えています。この意味をどう捉えるのか，考えたいところです。『審議のまとめ』で言われている「教科の本質」や教科の「見方・考え方」はブルーナーらの有名な提言に近いように聞こえますが，「教科等横断的な視点に立った学習」の強調は何を意味するのでしょうか。一貫性と系統性を持っていると考えられてきた，8つほどの教科だけの学習活動だけでは，次期学習指導要領が目指しているコンピテンシー（資質・能力）の育成には不十分ということでしょう。ここに，次期学習指導要領の知識基盤社会への対応が読み取れると考えられます。

　第Ⅱ章で見てきたことですが，『審議のまとめ』（p.26～28）の中でのコンピテンシー（資質・能力）の定義づけをめぐって，次のように言われています。重要ですので，やや要約して再度引用します。

① 「何を理解しているか，何ができるか（生きて働く「知識・技

Ⅲ　学校は，どのような考えに基づいて，「学校の教育課程」を編成すべきか

能）の習得）」
・各教科等において習得する知識や技能であるが，個別の事実的な知識のみを指すものではなく，それらが相互に関連付けられ，さらに社会の中で生きて働く知識となるものを含むものである。
・獲得した個別の技能が自分の経験や他の技能と関連付けられ，変化する状況や課題に応じて主体的に活用できる技能として習熟・熟達していくということが重要である。
②　「理解していること・できることをどう使うか（未来の状況にも対応できる「思考力・判断力・表現力等」の育成）」
　将来の予測が困難な社会の中でも，未来を切り拓いていくために必要な思考力・判断力・表現力等である。
③　「どのように社会・世界と関わり，よりよい人生を送るか（学びを人生や社会に生かそうとする「学びに向かう力・人間性等」の涵養）」
　上述の①及び②の資質・能力を，どのような方向性で働かせていくかを決定付ける重要な要素であり，情意や態度等に関わるものが含まれる。

　さらに，「各教科等の特質に応じた『見方・考え方』」（『審議のまとめ』p.33）について，次のように言われています。

○いわば，資質・能力が，学習や生活の場面で道具として活用されるのが「見方・考え方」であり，資質・能力を，具体的な課題について考えたり探究したりする際に必要な手段として捉えたものである。
○各教科等を学ぶ本質的な意義の中核をなすのが「見方・考え方」であり，教科等の教育と社会をつなぐものである。

(3) 「科学・学問中心型カリキュラム」の類型

　横道に入り込みましたが，本題に戻ってみますと，まず，「科学・学問の成果」の習得ということですが，極めてわかりやすく，学校の役割は人類が発達させてきた文化遺産，すなわち，「科学・学問の成果」の次世代への伝達にあると考えられてきているのです。もちろん，「科学・学問の成果」は科学・学問の領域ごとに，教科として編成され，子供たちに教えられてきたのです。これを「科学・学問中心型カリキュラム」と言い，あるいは，教科主義・系統主義カリキュラムとしてまとめられます。

　この章の第1節で見てきたように，20世紀に入って，科学・学問の発達は急速で，知識は幾何級数的に増大し，専門化・高度化してきています。しかし，今日，科学・学問分野の学際化・総合化が急速に進んできています。こうした状況を勘案するとき，「科学・学問の成果」の伝達を目指す「科学・学問中心型カリキュラム」は，次の4つの類型にまとめることができます。

　① **教科カリキュラム**

　小・中学校では，国語，社会，算数（数学），理科，英語，音楽，図工（美術），体育，生活科の9教科からなる教科カリキュラムです。国により多少の違いはありますが，先進諸国では，ほぼ，同じです。これらの教科は教育内容として系統性を持ち，一貫性を持って，"教科担任"によって教えられてきています。

　② **関連（相関）カリキュラム**

　教科カリキュラムは教科ごとに系統性が強く，相互に関連を持っている教育内容が孤立した状態で編成されています。しかし，当然なことですが，教科の間には関連した教育内容があり，そうした教育内容を関連付けて編成したカリキュラムを"相関"カリキュラムと呼んできまし

Ⅲ　学校は，どのような考えに基づいて，「学校の教育課程」を編成すべきか

た。

　日本では，教科書が教科ごとに作成され，使用されていますので，教科間で関連させて指導することになります。よく知られるように，たとえば，理科と数学，国語と社会あるいは理科の内容（単元）間には関連したものがあり，関連指導が望ましい場合が考えられます。さらに，同じ教科の教科書の中にありながらで，内容（単元）間に関連したものがあり，関連指導が効果的な場合が考えられます。前者を「教科間関連指導」，後者を「単元間関連指導」と名付けておきます。

③　合科（融合）カリキュラム

　融合の英語は"フューズ"で，"溶ける"という意味ですので，ある教科とある教科が溶け合って（合科されて），別の新しい学習活動を創るカリキュラムを意味します。よく知られているように，小学校低学年の生活科は社会科と理科を廃止して新たに作られた合科（融合）教科です。また，次期学習指導要領は高等学校にこの手法を用いて，必修科目として「言語文化」「歴史総合」「地理総合」「公民」「家庭総合」などの新しい"総合教科"を創ろうとしています。これらはそれぞれの教科内の「分野」を融合して創られる新しい教科と考えられます。それに対して，「理数探究」は，理科と数学を融合して創られる新しい教科です。

④　学際的（広領域）カリキュラム

　「広領域」に相当する英語は"ブロード・フィールド"です。科学・学問における広領域とは，自然科学，社会科学，人文科学のことと考えられますが，そこまで広くない領域も考えられます。これらの諸科学を構成する一部の学問分野が形成する領域も考えられます。すなわち，専門化し，高度化していく科学・学問を一定の枠組みで統合して，取り扱っていこうとするカリキュラムの在り方です。

　「学際的」に当たる英語は"インターディシプリナリ"です。ディシプリンは学科・学問という意味ですので，インターディシプリナリは

「学科・学問の間の」という意味です。学際的とは「学科・学問の間にかかわる」という意味になります。

　この章の第1節で見てきたように，今日，多くの学部が学際的な名称に変化してきています。旧来の学部・学科が改組され，新しく学部・学科になる場合，あるいは，近年新しく開設された学部・学科はほとんど学際的・総合的な名称で，そこで教えられる学科目の構成も学際的・総合的です。

　アメリカの高等学校の例ですが，科学と技術と社会を広領域としたSTS（Science, Technology and Society）プログラムは広く採用されているカリキュラムです。文字通り，科学や技術が一定の社会的文脈の中で発達し，社会を変えてきたことは確かで，科学を中心に，コンピューターを駆使し，社会とのかかわりを追究していく「広領域（学際的）」のカリキュラムの1つと考えてよいでしょう。また，STEM（Science, Technology, Engineering and Mathematics）プログラムは技術と工学と数学を中心として自然科学系プログラムで小学校から高等学校までのプログラムです。

科学・学問中心型				課題・問題中心型	
①教科カリキュラム	②関連（相関）カリキュラム	③合科（融合）カリキュラム	④学際的（広領域）カリキュラム	⑤課題（現代的課題）カリキュラム	⑥問題（経験）カリキュラム

図4　カリキュラムの類型

Ⅲ　学校は，どのような考えに基づいて，「学校の教育課程」を編成すべきか

(4) 「課題・問題中心型カリキュラム」の類型

⑤　課題（現代的課題）カリキュラム

「現代的課題」の解決に貢献することは学校教育の重要な任務です。『審議のまとめ』（p.38）では，「現代的な諸課題」と言われ，諸課題に対応する資質・能力の育成が求められている，と言われています。

ここでは，人間が当面する「現代的課題」と言い表しておきますが，現代的課題は集団としての人類が当面している「社会的課題」と，一人ひとりの人間が当面している「個人的問題」とに分けて考えられます。

ちなみに，第Ⅴ章の3節で，「課題」と「問題」を峻別して捉えていますので，ここでは「社会的課題」と「個人的問題」という言葉はそのまま使います。

「課題（現代的課題）カリキュラム」は社会的課題に対応する教育課程で，次の「問題（経験）カリキュラム」は個人的問題に対応する教育課程と考えていきます。

まず，「社会的課題」ですが，社会的課題は国際理解教育，環境教育，ESD教育，安全・安心教育，主権者教育などで対応してきているものです。これまでも，学校によっては，教科横断的な学習の中で，あるいは，総合的な学習の時間で取り上げられてきています。たとえば，国際理解教育ですが，社会科のいくつかの単元を中心に，国語や英語のいくつかの単元を関連させて，国際理解教育のプログラムを別に作って，実践している場合です。あるいは，総合的な学習の時間の中で，数時間を1つのまとまりとして，国際理解教育のための単元を創り，実践するという場合です。

⑥　問題（経験）カリキュラム

最後に人間が当面している「現代的課題」の内の「個人的問題」ですが，一人ひとりの人間が抱いている「個人的関心事」と言い換えてもよ

いのです。従来,「個人的関心事」は教育相談やカウンセリングの対象と考えられてきていて,特別活動の「学級活動」にふさわしい学習活動と考えられてきたと考えられます。

しかし,「問題（経験）カリキュラム」では,学習者である子供たちが自分たちの関心事（興味）から学習問題を創り,その解決を目指して,仮説（見通し）を立て,解決の必要なデータや資料を探し出し,推論を駆使して,一定の結論（解決）を導いていく問題解決学習を重視してきたはずです。

ごく一般的には,近代学校は科学・学問の成果を伝達する役割を担ってきていて,「個人的関心事」をベースに学習プログラムを構成することにほとんど関心を寄せてきませんでした。しかし,次期学習指導要領が強調する「教科等横断的な視点に立った学習」の中で,「個人的関心事」をベースにした学習プログラムが科学・学問の成果の伝達に寄与するものになるかもしれません。

4　総合的な学習の時間と特別活動における「教科等横断的な視点に立った学習」について検討する

(1)　総合的な学習の時間は「教科等横断的な視点に立った学習」を代表する学習活動である

実のところ,「教科学習」と「総合的な学習の時間」が併存する現行学習指導要領の在り方は,"時代的な妥協の産物"と言ってよいでしょう。戦後のいわゆる"新教育"時代の昭和22年の学習指導要領に,「自由研究」がありました。形の上では,昭和33年の学習指導要領の改定まで続いたはずですが,実態はよくわかりません。（NHK番組『山の分校の記録』（1959年放送）が面白い。）「併存」と言いましたが,「付け

Ⅲ　学校は，どのような考えに基づいて，「学校の教育課程」を編成すべきか

足し」程度ですが，その意義は実に大きなものです。系統主義・教科主義に固執する人々には許しがたいものと映ったようです。

　その証拠に，学習指導要領における「総合的な学習の時間」の導入は"論争"を呼び込んで，学力低下論の"シンボル"になってしまったのは記憶に新しいところです。学力低下論が平成 12 年（2000 年），まさに，21 世紀への転換点で一挙に荒れ狂い，瞬く間に日本中を覆いつくしてしまいました。やがて，学力低下に加えて，体力低下，道徳力低下と続き，今日に至っていると言ってよいでしょう。（加藤幸次・高浦勝義編著『学力低下論批判』黎明書房，2001 年，および，日経新聞・社説「『ゆとり』は再生するか」平成 28 年 4 月 17 日，を参照してください。）

　にもかかわらず，次期学習指導要領では，総合的な学習の時間は，むしろ現行学習指導要領より強調されるように見えます。特に，高等学校での総合的な学習の時間の充実が叫ばれている，と言えます。上で見てきたごとく，次期学習指導要領の要と目される「教科等横断的な視点に立った学習」の中にしっかりと位置付けられているのです。私はこの意味はとても大きいと考えています。

　カリキュラムの類型から言えば，総合的な学習の時間は課題（社会的課題）カリキュラムと問題（経験）カリキュラムを代表するものです。「現代的課題」を取り扱う学習であると同時に，「個人的問題」をベースにした学習でもあるのです。

(2)　総合的な学習の時間（特別活動）は「現代的な諸課題」を取り扱う場である

　ここでも，「実のところ」という言い出しで始めたいのですが，総合的な学習の時間は次の第Ⅴ，Ⅵ章で取り扱う「主体的・対話的で深い学び（アクティブ・ラーニング）」をもっともよく保障している学習なの

です。現行学習指導要領は，総合的な学習の時間の「目標」について，次のように言います。

「横断的・総合的な学習や探究的な学習を通して，自ら課題を見付け，自ら学び，自ら考え，主体的に判断し，よりよく問題を解決する資質や能力を育成するとともに，学び方やものの考え方を身に付け，問題の解決や探究活動に主体的，創造的，協同的に取り組む態度を育て，自己の生き方を考えることができるようにする。」

この現行学習指導要領は総合的な学習の時間が次期学習指導要領で強調されている「教科等横断的な視点に立った学習」の代表例と言ってよく，「類型C:総合的学習」として，すでに，存在している学習活動なのです。

また，『審議のまとめ』(p.329) では次のように言われます。「小学校，中学校においては，各教科等の特質に応じて育まれた『見方・考え方』を総合的に活用しながら，自ら問いを見出し探究することのできる力を育成し，探求的な学習が自己の生き方に関わるものであることに気付くようにする。」

現行学習指導要領は総合的な学習の時間の「指導計画の作成と内容の取扱い」の(5)で，次のように言います。「(5)学習活動については，学校の実態に応じて，例えば国政理解，情報，環境，福祉・健康など横断的・総合的な課題についての学習活動，児童（生徒）の興味・関心に基づく課題についての学習活動，地域や学校の特色に応じた課題についての学習活動，職業や自己の将来に関する学習活動などを行うこと。」

この記述は「社会的課題」と「個人的問題」と２つに分けて捉えることができます。明らかに，総合的学習の時間での学習活動は「学問・科学の成果の習得」を目指す「教科学習」とは，本質的に異なります。あえて言えば，総合的な学習の時間では，「学問・科学の成果」はここで取り扱う「現代的課題」の解決のための"手段・手立て"という位置

Ⅲ　学校は、どのような考えに基づいて、「学校の教育課程」を編成すべきか

になります。ここで目指されるものは問題解決能力の育成です。

(3)　「児童（生徒）の興味・関心に基づく課題についての学習活動」にも焦点を当てる

　総合的な学習の時間で，現代的課題の内，いわゆる「社会的課題」に挑戦する学習活動を計画することはよくなされますが，子供たちの興

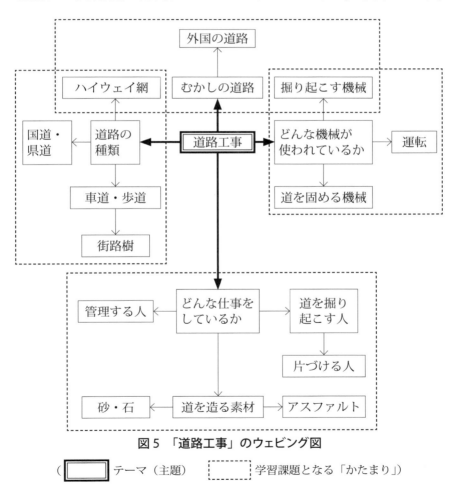

図5　「道路工事」のウェビング図

（ □ テーマ（主題）　　┆┄┄┆学習課題となる「かたまり」）

味・関心をベースに基礎を置いた学習活動を計画する学校は多くありません。（長野県伊那市伊那小学校「白紙単元」総合学習を参照してください。）

　かつて，「身近で切実な問題」を取り上げることの重要さが重視されましたが，いつの間にか，消え去ってしまったように思います。子供たちは日々の生活の中で生じるいろいろなことがらに興味や関心を抱いているに違いないのです。愛知県東浦町にある卯ノ里小学校では，子供たちが登校の途中で見る「道路工事」に関心を寄せ，「道路工事」について総合的な学習の時間を展開しました。また，岐阜県池田町にある池田小学校では，学校の近くを流れる「川の汚染」に気付き，みんなで調べ始めたことがあります。かつて，東京都渋谷区にある笹塚中学校では，「進学をどこにするか」という課題をめぐって，総合的な学習の時間を展開したことがあります。

　前頁のウェビングは卯ノ里小学校の5年生の子供たちが行った「道路工事」に関するものですが，ウェビングを行うことで，どんな学習課題がどんな広がりであるのか，どこにどんな資料・データがあるのか，どんな専門家がいるのか，どのようにグループを作り，役割分担して学習を進めるべきかなど，探究活動に入る前に計画を立てることができます。ウェビングは「社会的課題」と「個人的問題」に挑戦するための有力な課題（問題）づくりの手法です。

(4) 特別活動における「教科等横断的な視点に立った学習」の展開を考える

　最後に，特別活動を「学校の教育課程」の中でどのように位置付けるか，考えておきたいのです。特別活動は，学級活動・ホームルーム活動，児童会・生徒会活動，クラブ活動，学校行事から構成されていますが，次期学習指導要領の『審議のまとめ』（p.308～309）は，特別活

Ⅲ　学校は、どのような考えに基づいて、「学校の教育課程」を編成すべきか

動について次のように言います。

　「社会参画の意識の低さが課題となる中で、自治的能力を育むことがこれまで以上に求められている。また、キャリア教育を学校全体で進めていく中で特別活動が果たす役割への期待も大きい。このほか、防災を含む安全教育、体験活動など、社会の変化や要請も視野に入れ、各教科等の学習と関連付けながら、特別活動において育成を目指す資質・能力を示す必要がある。」

　言い換えると、特別活動は、「各教科等の学習と関連付けながら」、すなわち、「教科等横断的な視点に立った学習」として、社会参画のために必要な自治的能力育成の教育、キャリア教育、防災を含む安全教育を行う学習活動の場である、と考えられているのです。ちなみに『審議のまとめ』(p.40)では、「現代的な諸課題に対応して求められる資質・能力」として、次のような力が示されています。

・健康・安全・食に関する力
・主権者として求められる力
・新たな価値を生み出す豊かな創造性
・グローバル化の中で多様性を尊重するとともに、現在まで受け継がれてきた我が国固有の領土や歴史について理解し、伝統や文化を尊重しつつ、多様な他者と協働しながら目標に向かって挑戦する力
・地域や社会における産業の役割を理解し地域創生等に生かす力
・自然環境や資源の有限性の中でよりよい社会を創る力
・豊かなスポーツライフを実現する力

　これらの力は「教科等横断的な視点に立った学習」の中で育てられるべきである、と言われています。

Ⅳ
学校は，どのように，実践的な「学校の教育課程」を構成すべきか

・・・・・・・・・・ プロローグ ・・・・・・・・・・

　前章で見てきたように，『審議のまとめ』から読み取れる次期学習指導要領を貫く原理は，「学校の教育課程」の"学際化・総合化"を目指すこと，と言ってもよいでしょう。「教科学習」のより一層の"学際化・総合化"を志向していることに加えて，「教科等横断的な視点に立った学習」を強調し，「総合的な学習の時間」をより発展させようとしている，と読み取れます。

　次期学習指導要領では，特に「教科等間の相互の関連を図ること」の重要性が強調されてきています。しかし，教師たちは「教科学習」の指導には精通してきていますが，「教科等横断的な視点に立った学習」には極めて疎遠ですので，この章ではここに焦点を絞り，考えていきます。すなわち，「**教科等横断的な視点に立った学習**」の意義を踏まえて，「**教科等横断的単元（関連，合科，生活，総合単元）**」の事例を示したいと考えます。現実は，教師たちは「教科書とその指導書」をベースに授業を行っていますので，代表的な教科書をベースに，「教科等横断的な視点に立った学習」のための学習活動を創っていくことにします。

　具体的には，"ある教科の単元とある教科の単元"を関連あるいは合科させたり，"生活科や総合的な学習の時間（特別活動）といくつかの教科の単元"を結び付けて，学習活動を創ってきています。事例は全教科担任制の小学校で創った「関連，合科，生活，総合単元」ですので，教科担任制の中・高等学校では，これらの例を参考にして，創ってほしいと思います。「**教科等間の相互の関連を図る**」ためには，特に，**中・高等学校では，教師たちが「ティーム」を組んで協働して授業を計画し，行うことが不可欠**です。すなわち，「ティーム・ティーチング」が前提条件となることをしっかり認識しなければなりません。

1 「深く考える思考力(汎用的スキル)」の育成に力点を置く

(1) 「資質・能力の3つの柱」と「深く考える思考力」の育成

　第Ⅱ章の図1(32頁)が次期学習指導要領の目指すコンピテンシー(資質・能力)の基本構造を示しています。基層をなす『道具や身体を使う基礎力(リテラシー)』は「資質・能力の3つの柱」の「生きて働く『知識・技能』の習得」に対応していると考えられます。中層の『深く考える思考力(汎用的スキル)』は「資質・能力の3つの柱」の「未来の状況にも対応できる『思考力, 判断力, 表現力等』の育成」に対応し, 上層の『未来を創る実践力(社会的スキル)』は「学びを人生や社会に生かそうとする『学びに向かう力・人間性等』の涵養」に対応しています。この3層の構造は, 極めて大雑把な対応ですが, それぞれ「教科学習」「教科等横断的な視点に立った学習」, そして, 「総合的な学習の時間」が対応していると考えます。

　これら3層のうちで, 次期学習指導要領は『深く考える思考力(汎用的スキル)』, すなわち, 「未来の状況にも対応できる『思考力, 判断力, 表現力等』の育成」に力点を置いていると考えます。『審議のまとめ』(p.77)の補足資料には, はっきりと, 「①思考力を中核とし, それを支える②基礎力と, 使い方を方向づける③実践力の三層構造」と言われています。

　「教科等横断的な視点に立った学習」に期待されていることは「中核としての思考力」育成である, と考えるのです。もちろん, 「教科学習」も「思考力, 判断力, 表現力等の育成」と「学びに向かう力・人間性等の涵養」にかかわっていますし, 「総合的な学習の時間」についても同

Ⅳ　学校は，どのように，実践的な「学校の教育課程」を構成すべきか

じことが言えます。しかし，相対的に言えば，すなわち，資質・能力の3つの柱のどこに力点が置かれているかというと，
  ・教科学習は「生きて働く知識・技能の習得」に，
  ・教科等横断的な視点に立った学習は「未来の状況にも対応できる思考力，判断力，表現力等の育成」に，
  ・総合的な学習の時間は「学びを人生や社会に生かそうとする学びに向かう力・人間性等の涵養」に

力点が置かれている，と考えてよいでしょう。

　この位置付けに注意したいのです。ここが，次期学習指導要領の核心であり，特徴である，と考えられます。昭和33年以後の学習指導要領では，常に，「基礎力」としての算数・数学のニューメラシーと国語のリテラシーが重視されてきました。それ以前の，いわゆるコア・カリキュラム時代は，教育課程の「コア（核心）」が「内容系教科（社会科，理科）」にありましたが，昭和33年の学習指導要領の改訂によって，「コア」は「用具系教科（算数・数学，国語）」に移り，今日に至っているのです。

　前章でふれましたが，今日の近代学校は3アールズ（読み書き算術）と行儀作法（福音書）を教授する場として成立してきました。当然と言えば当然ですが，教育課程の「コア」は「用具系教科」のほうが理解しやすいのです。これが"ローカル・ノレッジ（市民の知識）"と言えるでしょう。しかし，今日，コンピュータがもたらす高度情報化社会を迎えて，かつ，グローバル化が進行し国と国の相互依存関係が深まる中で，「基礎力（算数・数学のニューメラシーと国語のリテラシー）」の習熟に加えて，「思考力（汎用的スキル：問題解決・発見，創造的・論理的・批判的思考，メタ認知・学び方の学び）」の習得に力点を置くべきである，と次期学習指導要領では考えられてきている，と理解できるのです。これらを含み込んで，「実践力（自律的活動，関係形成，持続可能な社

会づくり)」があるというのです。

　付け加えておきたいことがあります。私は，以前から，コンピュータ時代を迎えて，特に，3アールズ（読み書き算術）中心の小学校の教育課程は改革されなければならない，と主張してきました。未だに，多くの方に反対されることは承知ですが，「書き順や美しく書く」ことに力点を置いてきた学習活動に終止符を打つべきだ，と考えます。「書き順や美しく書く」は国語から習字や美術に移すべきです。同じように，「計算」は計算機に任すべきです。たとえば，分数の「意味や意義」はしっかり学ぶべきですが，正確に計算するということはコンピュータに任すべきです。この際，「思考力（汎用的スキル）」を強調すると同時に，リテラシー，ニューメラシーの見直しもすべきです。

(2) 「深く考える思考力」は問題解決を推進する能力である

　第Ⅱ章の図1「コンピテンシー（資質・能力）の構造」（32頁）では，「深く考える思考力（汎用的スキル）」の下位要素として，次の3つが示されています。1)問題解決・発見，2)創造的・論理的・批判的思考，3)メタ認知・学び方の学び，です。これら3つの構成要素から考えられることは，"問題解決学習"を推進していくために必要な「思考力」ということで，これまで用いられてきた言葉で言えば，"問題解決能力"です。

　次の第Ⅴ章の図13（126頁）は3)メタ認知について説明したものですが，認知行為は

　　問題の発見➡仮説の設定➡検証・探究➡結論・まとめ⇒残された課題（新しい問題）の発見

という問題解決のプロセスに伴う行為です。言うまでもなく，すべてのプロセスで「思考力」を働かせていくのですが，あえて言えば，「汎用的スキル」は検証・探究のプロセスで働く思考の手立てと言えそうです。

Ⅳ　学校は，どのように，実践的な「学校の教育課程」を構成すべきか

J. デューイの言葉を借りれば，繰り返される「観察と推論」に用いるスキルと言えそうです。

　認知行為は問題の解決を目指すという「方向性」を持っており，「観察と推論」を繰り返して，一定の結論と残された課題を明らかにしていく，"一連のまとまった"問題解決を目指すプロセスですが，先回りして言っておきますと，メタ認知とは"一連のまとまった"このプロセスをメタな（高い）次元から俯瞰して行われている"もう一つの認知行為"なのです。

　「深く考える思考力（汎用的スキル）」は，また，批判的・反省的思考力（クリティカル，レフレクティブ・シンキング）とも言われますが，それはメタ認知（メタ・コグニション）に大いにかかわっている能力です。

(3) 「教科等横断的な視点に立った学習」と「深く考える思考力」の育成

　前章の2節で明らかにしたつもりですが，次期学習指導要領の教育課程は「教科学習」「教科横断的学習」「領域横断的学習」と「総合的学習」より構成されるものと考えられます。「教科横断的学習」と「領域横断的学習」が「教科等横断的な視点に立った学習」ということになりますが，従来の学習指導要領の教育課程にはなかったものです。繰り返しますが，昭和22年の学習指導要領には「教科学習」に加えて，「自由研究」があり，平成10年の学習指導要領から「教科学習」に加えて，「総合的な学習の時間」が今日まで続いています。しかし，次期学習指導要領では，両者の間に「教科等横断的な視点に立った学習」が設けられようとしています。

　上に述べたように，「教科等横断的な視点に立った学習」は「深く考える思考力（汎用的スキル：問題解決・発見，創造的・論理的・批判的思考，メタ認知・学び方の学び）」の習得を目指すものと考えられるの

です。

　「教科等横断的な視点に立った学習」を「教科学習」と「総合的な学習の時間」の間に新たに設けた理由は，1つには，前章の1節で述べてきた教育課程全体の"学際化・総合化"を進めることにあると思われるのですが，もう1つは，今回の改訂が「未来の状況にも対応できる『思考力，判断力，表現力等』の育成」に力点を置くことになったことにあると考えられます。もちろん，繰り返しますが，「教科学習」にあっても，当然，「思考力，判断力，表現力等の育成」を目指すのですが，教科学習を超えたところ，すなわち，「教科・領域横断的学習」において，"より高度な"思考力，判断力，表現力等の育成を目指そうとしている，と考えられます。前章の2節で述べておいたように，「教科等を越えた視点で教育課程を見渡し，教育課程全体としての効果が発揮できているかどうか，教科等間の関係性を深めることでより効果を発揮できる場面はどこか，といった検討・改善を各学校が行うことであり，……。」と言われているのです。(『審議のまとめ』p.13) より具体的には，教科学習で得られるそれぞれの教科の「見方・考え方」を，教科を越えた学習活動で，活用することによって，教科学習で得られない"より高度な"思考力，判断力，表現力等の育成を目指そうとしている，と考えられるのです。そのために，各教科の「見方・考え方」のリストを次期学習指導要領の「総則」に添付すると言われています。

　次章の2節で再び取り上げる予定ですが，『審議のまとめ』(p.46)は「深い学び」について次のように言います。「③各教科等で習得した概念や考え方を活用した『見方・考え方』を働かせ，問いを見いだして解決したり，自己の考えを形成し表したり，思いを基に構想，創造したりすることに向かう『深い学び』が実現できているか。各教科等で習得した概念（知識）や考え方を実際に活用して，問題解決等に向けた探究を行う中で，資質・能力の三つの柱に示す力が総合的に活用・発揮され

Ⅳ 学校は、どのように、実践的な「学校の教育課程」を構成すべきか

る場面が設定されることが重要である。」

　同時に、学校と教師たちは、新設される「教科等横断的な視点に立った学習」を創り出し、指導し、評価していく必要があります。明らかに、このことは次期学習指導要領の焦点です。

2　現行学習指導要領のもとでも、「教科等横断的な視点に立った学習」を創ってきた

(1)　「教科学習」と「総合的な学習の時間」をつなぐ

　教科の系統性にこだわって、縦割りにされた教科指導では、教科をまたがって（クロスして）、学習指導計画を創ることは許されることではありません。それこそ、教科の系統性が台無しになってしまうと批判される行為です。しかし、こうした教科縦割り指導の中にあっても、私たちは数学と理科、国語と社会科、さらに、国語と社会科と家庭科、音楽と図工（美術）と体育で指導する単元の間に関連があることに気付いてきているはずです。時折、関連して指導したほうが効率的ではないか、時間的に余裕ができるのではないか、と感じてきているはずです。前章で見てきたように、「科学・学問中心型カリキュラム」にも、関連（相関）、合科（融合）、学際（広領域）の3つの類型があり、常に、教科等の間の横断関係が問題になってきているのです。

　他方、昭和22年の学習指導要領での「自由研究」（小学校4～6年、週2～4時間。中学校1～3年、1～4時間）や平成10年に導入された「総合的な学習の時間」（小学校4～6年、年間105～110時間。中学校1年、70～100時間、中学校2年、70～105時間、中学校3年、70～130時間）は、その意義は大きいとしても、その授業時間数から言って「付け足し」的にすぎないのです。しかし、その意義は大き

く，よく知られるように，系統主義・教科主義にある人々から「ゆとり教育」のシンボルのようにはやし立てられ，ついには「学力低下」をもたらすものとして糾弾されてきていることは，周知のことです。

カリキュラム（教育課程）論から考えると，現在の教育課程は系統主義・教科主義に，一部，経験主義が取り込まれた「混在状態」にある，と言える状況です。前章で見てきたように，前者は「科学・学問中心型」カリキュラムで，人類が蓄積してきた文化遺産を次世代に伝授することを目指しており，後者は「課題・問題中心型」カリキュラムで，人間が当面している「現代的な課題」の解決を目指しているのです。したがって，前者は「科学・学問」に中心を置いていますから，「ディシプリン・センタード教育」とも言われ，後者は学習者，すなわち，子供たちの課題意識にベースを置いていますから，「学習者・子供中心教育」とも呼ばれます。お分かりのとおり，この2つのカリキュラムの在り方は，原理的に大きく違っているのです。あるいは，違うものとして対立してきました。

「科学・学問中心型」カリキュラムは，それぞれの科学・学問の系統性にこだわってきていて，科学や学問の間の「関係性」を重視してきませんでした。言い換えると，「関係性」を見つけるのは学習者に任せてきたのです。しかし，前章の中心テーマですが，今日，科学や学問は着実に"学際化・総合化"の方向にあるのです。伝統的な「教科縦割り学習」から「教科等横断的な視点に立った学習」に移さねばならなくなってきている，と考えます。

それに対して，「課題・問題中心型」カリキュラムでは，科学・学問が発達させてきた知識や技能は課題・問題解決のための「手段（手だて）」の位置にあります。まさに，「深く考える思考力（汎用的スキル）」は「教科学習」と「総合的な学習の時間」をつなぐ位置にある，と認識すべきです。

Ⅳ　学校は，どのように，実践的な「学校の教育課程」を構成すべきか

(2) 現行学習指導要領のもとでも，「関連・合科・生活・総合単元」を創ることができる

　現行学習指導要領の「総則」の第4「指導計画の作成等に当たって配慮すべき事項」は，次のように言います。

> 1)-1　各教科の各学年（各分野又は各言語）の指導内容については，そのまとめ方や重点の置き方に適切な工夫を加え，効果的な指導ができるようにすること。（小・中学校編。ただし。カッコ内は中学校編）
> 1)-2　各教科等及び各学年相互間の関連を図り，系統的，発展的な指導ができるようにすること。（中学校編）
> 2)　児童の実態等を考慮し，指導の効率を高めるため，合科的・関連的な指導を進めること。（小学校編）
> 3)　各教科等の指導に当たっては，児童（生徒）の思考力，判断力，表現力等をはぐくむ観点から，基礎的・基本的な知識及び技能の活用を図る学習活動を重視するとともに，言語に対する関心や理解を深め，言語に関する能力の育成を図る上で必要な言語環境を整え，児童（生徒）の言語活動を充実すること。（小・中学校編）

　現行学習指導要領は，系統主義，教科主義の立場にあり，教科カリキュラムとして編成されていますので，今後「教科等横断的な視点に立った学習」を創るためには，関連（相関）カリキュラム，合科（融合）カリキュラムや学際的（広領域）カリキュラムにならった教育課程の構成方式に広げていく必要があります。

　このことに関して，現行学習指導要領の「総則」についての解説書は次のように言います。「児童に確かな学力を育成するため，知識と生活との結び付きや教科等を超えた知の総合化の視点を重視した教育を展開

することを考慮したとき，教科の目標や内容の一部についてこれらを合わせて指導を行ったり，関連させて指導を進めたりした方が効果が上がる場合も考えられることから，合科的な指導を行うことができることとしたり，関連的な指導を進めたりすることとしたものである。」(『小学校学習指導要領解説　総則編』p.59)

「合科的な指導は，教科のねらいをより効果的に実現するための指導方法の一つである。単元又は1コマの時間の中で，複数の教科の目標や内容を組み合わせて，学習活動を展開するものである。また，関連的な指導は，教科等別に指導するに当たって，各教科等の指導内容の関連を検討し，指導の時期や指導の方法などについて相互の関連を考慮して指導するものである。」(同書，p.59)

「合科的・関連的な指導を行うに当たっては，児童が自然な形で意欲的に学習に取り組めるような学習課題を設定するとともに，課題選択の場を設けたり，教科書を工夫して使用したり，その指導に適した教材を作成したりして，指導の効果を高めるようにすることが必要である。」(同書，p.60)

すなわち，現行学習指導要領では，「指導の効果を高める」ために関連的・合科的な指導が考えられていて，そのため，「指導時期，時間配分」さらに，「学習方法」も加味して，より大きな「新単元」を編成することです。

(3)　次期学習指導要領は「関連・合科・生活・総合単元」を推進しようとしている

『審議のまとめ』の「3.子供たちに求められる資質・能力と教育課程の課題」の中の「資質・能力の育成に向けた教育課程の課題」(p.11〜14)の項で次のように言われています。

Ⅳ 学校は,どのように,実践的な「学校の教育課程」を構成すべきか

> ○重要となることは,"この教科を学ぶことで何が身に付くのか"という,各教科等を学ぶ意義を明らかにしていくことに加えて,教科等を越えた視点で教育課程を見渡し,教育課程全体としての効果が発揮できているかどうか,教科等間の関連性を深めることでより効果を発揮できる場面はどこか,といった検討・改善を各学校が行うことであり,これらの各学校における検討・改善を支える観点から学習指導要領等の在り方を工夫することである。
> ○このように,目指す方向は,教科等を学ぶ本質的な意義を大切にしつつ,それぞれの教科等の学びを教科等の縦割りにとどめるのではなく,教科等間の相互の関連を図ることによって,子供たちが生きて働く知識を習得し,学びを人生や社会に生かそうとしながら,未知の状況にも対応することを可能とする教育課程である。

　繰り返しになっていることを承知していますが,次期学習指導要領が教科等間の相互の関連を図ることに多大な期待を寄せていることがわかります。単に"指導の効果を向上させる"といった手段的な意味合いではなく,"学びを人生や社会に生かそうとしながら,未知の状況にも対応することを可能にする教育課程"を創るという目的的な意義がそこにある,と考えられます。そこには,この前の項で述べてきた「深く考える思考力(汎用的スキル)」を「未来を創る実践力(社会的スキル)」に結び付けて,"未知の状況にも対応する"ことのできる資質・能力の育成を目指そうとする意図が読み取れます。

3　「教科」間の複数単元を関連・合科させて創った「関連・合科単元」の事例

　教科間に一定の関連性があることは,前章で見てきたカリキュラムの

類型を考えればよくわかります。「関連（相関），合科（融合），学際的（広領域）」といった類型は教科間の関連性を表しています。近代学校では，伝統的に教科の系統性を重視してきていて，教科縦割り制が採用されてきましたが，一方で，指導の効率化を目指して，あるいは，科学・学問が学際化・総合されていくのに伴って，教科縦割り制が修正されてきた，とも言えるでしょう。次期学習指導要領は大きな転換を図ろうと試みようとしています。

さらに，注目したいことは，教科間の関連性を縦横の広がりの中で捉えようとしていることです。今までの学習指導要領には全くなかったことで，「同じ学年」で学ぶべき学習内容だけでなく，「学年・学校段階を越えた学習内容」の間にも，「教科等横断的な視点に立った学習」を創ろう，と言うのです。「各教科等で学ぶことを単に積み上げるのではなく，義務教育や高等学校教育を終える段階で身に付けておくべき力を踏まえて，各学校・学年段階で学ぶべき内容を見直すなど，発達の段階に応じた縦のつながりと，各教科等の横のつながりを行き来しながら，教育課程の全体像を構築していくことが可能となる。」（『審議のまとめ』p.29）

(1) 「国語と理科」の関連単元（小学校3年，11時間）
　―国語単元『すがたをかえる大豆』と理科単元『植物をそだてよう(4)：花がおわったあと』を関連させる―

1）目指すもの

国語の説明文には伝達したい内容があって，その内容は社会や理科などで取り扱う内容とつながってきます。したがって，多くの説明文は社会や理科などと関連単元を創ることが可能です。もちろん，鑑賞文も時代的，地理的な背景の中で書かれていますから，社会との関連的な学習が考えられます。

Ⅳ 学校は，どのように，実践的な「学校の教育課程」を構成すべきか

　3年の理科では，植物の成長を春，夏，秋，冬と季節を通して，育て，観察していきます。国語の単元で取り扱う大豆は，「花がおわったあと」にできる実ですので，理科の「植物をそだてよう(4)」と関連させます。もちろん，学校園で育てる植物の中に大豆を加えておくと，よりよいでしょう。これらの学習活動を関連付けて，"主体的・対話的で深い学び"を実現し，「身近な実際場面での観察力・応用力」の育成を目指します。

2) 指導時期の調整

　国語のこの単元は，光村図書の教科書では，11月のはじめの単元になっています。それに対して，大日本図書の理科のこの単元は，花の咲いた後のヒマワリとホウセンカの観察を目指して，9月の単元です。したがって，国語の方を9月に移動したほうがよい，と考えます。もし，学校で，意図的に，大豆の栽培をしているなら，理科のこの単元は9月に行い，地域によりますが，一般的には大豆の収穫は10月ですので，国語の単元を10月に移して行うことになるでしょう。

3) 学習時間の活用

　国語のこの単元の授業時数は7時間です。次の単元が「食べ物のひみつを教えます」(6時間)というもので，「お米からできる食べ物」を取り扱っています。これら2つの単元は一緒に連続して指導することが考えられます。理科のこの単元は4時間単元で，花の咲いた後のヒマワリとホウセンカを観察するのですが，ヒマワリとホウセンカの代わりに，学校園で大豆を育てているなら理想的です。主な学習活動は，成長には一定の順序，きまりがあることを見つけるための成長の様子をふり返ることです。この関連単元の場合，単に，国語の7時間と理科の4時間を合わせて作るか，国語の次の単元「お米からできる食べ物」も取り込むか，また，理科の観察活動を第1学期から，特別活動の時間を活用して取り込むか，工夫ができます。ここでも，スケールメリットを生かして，"主体的・対話的で深い学び"を実現したいものです。

4) その他の例

4年の国語の単元「ウサギのなぞを追って」と理科の単元「季節と生き物（春），（夏），（夏の終わり）」はここでの関連単元の事例とほぼ同じことが言えます。6年の国語の単元「生き物はつながりの中に」と理科の単元「生物とそのかんきょう」，また，6年の国語の単元「海の命」と理科の単元「生物と地球かんきょう」などについても，関連単元を創ることができると考えます。

(2) 「理科と算数」の関連単元（小学校5年，28時間）
―理科単元『もののとけ方』と算数単元『割合とグラフ』を同じ時期に設定し，一部の活動を合わせる―

1) 目指すもの

理数科と言われるように，本来，理科の指導内容と算数のそれは深くかかわっています。特に，化学や物理の分野では，数学をベースにして，関連させて学習したほうが効果的なはずです。また，このように関連付けられた"深い学び"によって，「身近な実際場面での活用力・応用力」の育成を図ることができます。

2) 学習時期の調整

関連単元で大切なことは，関連して学習する単元の「時期」を同じにすることです。もちろん，学習に先立って，子供たちに関連していることを知らせるとともに，時間割上でも，同じ時期か，前後する時期に位置付けるべきでしょうし，学習の中でも，常に関連を意識させていきます。

たとえば，大日本図書の理科「もののとけ方」は5年の1月の単元です。他方，日本文教出版（旧大阪書籍）の算数「割合とグラフ」もまた，5年の1月の単元です。したがって，ほとんど同じ時期に学習する単元で，学習の時期を合わせなくてもよいのではないかと考えられます。

IV 学校は，どのように，実践的な「学校の教育課程」を構成すべきか

しかし，これは例外的で，一般的には，学習の時期を合わせなくてはならないでしょう。どちらの単元を移動させるべきか，検討が必要です。

3） 学習時間の活用

関連単元では，それぞれの単元の配当時間が加算されますので，学習時間が長くなり，"スケールメリット"を活かすことになります。このメリットを活用して，より"主体的・対話的で深い学び"を求めていくべきです。たとえば，理科「もののとけ方」の指導時間は12時間で，その中に3つ小単元「水よう液の量」（3時間），「水にとけるものの量」（6時間），「とけたもののとり出し方」（3時間）があります。他方，算数の単元「割合とグラフ」は16時間で，合わせると，28時間という長い学習時間になります。たとえば，友だちと話し合いながらゆっくりと慎重に実験ができたり，実験を振り返り，必要なら再実験したりできます。

また，算数の最後の小単元は「数学新聞をつくろう」で，ここに理科の小単元「水にとけるものの量」を合わせた学習活動をつくり，子供たちは実験結果を棒グラフと折れ線グラフに表し，数学新聞をつくっていくことが考えられます。ここで，子供たちは実例を基にグラフを描くという実際場面での活用力・応用力を身に付けることが期待されます。

(3) 「算数と社会」の合科単元（小学校3年，24時間）：『買い物調べをおうちの人に報告しよう』
―算数単元『棒グラフ』と社会単元『わたしたちのくらしと商店』を合わせる―

1） 目指すもの

異なる教科の2つの単元を融合（合科）して，学習活動の統合を図ることによって，子供たちにとってより身近な「実生活」場面で学習活動を展開することができます。「現実的な実感を伴う理解と，実生活に

役立つ実践力」を育てることが期待されます。

2) 学習時間の統合

合科単元ですので，この2つの単元は1つの学習計画として統合されます。すなわち，社会の学習活動は2つに分けられ，1つは，学習に対する「意欲付け」と，実際に自分の買い物について，アンケートを行い，データを得る活動になっています。あと1つは，「買い物のくふう」という形で最後のまとめになっています。両者の間に，算数の学習活動である「棒グラフ」の表し方が位置付けられています。社会の時間で得られたデータがそのまま算数の学習活動に素材として提供されています。この統合された学習活動によって，子供たちは，より身近な「実生活」場面で学習活動を展開することができ，グラフについて現実的な必要感を理解することができると期待されます。

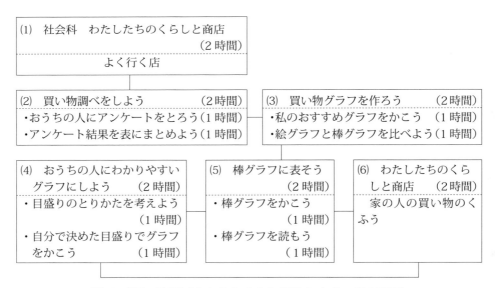

図6 『買い物調べをおうちの人に報告しよう』（24時間）
（香川県飯山町立南小学校，平成8年）

3) その他の例

こうした異教科間の合科単元は、この他にも、いくつか考えられます。4年では、理科単元「天気と気温」と算数単元「折れ線グラフ」、5年では、国語単元「天気を予想する」と理科単元「天気の変化」などです。合科単元ですので、2つの単元を融合し、統合的な単元名が付けられるべきですし、学習活動は統合されて、一連の問題解決学習として展開されるべきです。

(4) 「国語と社会」の合科単元（小学校6年，21時間）
―国語単元『平和について考える』と社会単元『平和を守るために，どんな努力をしているの』を合わせる―

1) 目指すもの

説明文とは「論理的に言葉を連ね、内容の正確な伝達を目指す文」（広辞苑）です。繰り返しますが、国語の説明文には伝達したい内容があって、その内容は社会や理科などで取り扱う内容とつながってきます。ここでは、国語と社会の合科単元を創り、"対話的で深い学び"をとおして、「切実な現代的課題への理解力・参加力」の育成を目指したいのです。

2) 指導時期の調整

社会のこの単元は、2月から3月にかけて指導される最後の単元です。どの教科書でも最後になっています。それに対して、国語のこの単元は、どの教科書でも取り扱っているというわけではありません。光村図書の教科書は6年の上巻の最後に、すなわち、6月末から7月にかけて学習する単元として「平和について考える」を位置付けています。これらの単元の性格からして、どちらに寄せて指導してもよいと考えられます。ただ、6年の社会の前半は、歴史的分野で通史的に取り扱うことを重視すれば、国語の方を社会に合わせ、学年の最後に持ってくるべきかもし

れません。

3) 指導時間の活用

　光村図書のこの単元の指導時間は 14 時間です。この単元は，広島平和記念資料館が世界文化遺産に登録されたときの感動を伝える『平和のとりでを築く』という説明文を読み，自分の考えをまとめて，発表するという学習活動からなっています。他方，日本文教出版のこの単元は 7 時間の授業です。指導内容は，国際連合のはたらき，子どもたちを救う国際機関，政府の国際協力及び民間の国際協力の 4 つの事項から構成されています。両者を合わせれば，21 時間とかなり長い授業時間となり，ここでも，スケールメリットを活用して，発表活動に十分時間を取り，"対話的な学び"を行うべきです。

4) その他の例

　こうした国語と社会との関連単元は，この他にも，いくつか考えられます。3 年では，国語「本で調べてほうこくしよう」と社会「わたしたちの県のようす」，4 年では，国語「新聞を作ろう」と社会「安全なくらしを守る仕事」，国語「『仕事リーフレット』を作ろう」と社会「はたらく人とわたしたちのくらし」，国語「百年後のふるさとを守る」と社会「わたしたちのくらしと環境」，6 年では，国語「『鳥獣戯画』を読む」と社会（小単元）「国風文化」といった単元で関連的学習が成り立つでしょう。

　私たちはいわゆる「教科の縦割り」制度の中で，あまりにも長く，指導してきています。前章で述べましたが，私たちは「学年制」にあまりにもなじんでしまっていて，「2 年幅の運用」ということが理解できないのに似て，教科を関連させたり，まして合科させたりすることの意義が理解できないのです。しかし，子どもの頭の中には「教科」というイメージはまったくと言ってよいほどないのです。あるのは物事が総合的に絡まっている「生活」です。

Ⅳ　学校は，どのように，実践的な「学校の教育課程」を構成すべきか

4　「領域」間の複数単元を関連・合科させて創った「生活・総合単元」の事例

　現行学習指導要領は，特に，低学年の生活科，中・高学年の総合的な学習の時間について，関連的・合科的な指導が必要であると強調しています。

　「このように，低学年では特に生活科を中核として合科的・関連的な指導の工夫を進め，指導の効果を一層高めるようにする必要がある。特に第1学年入学当初における生活科を中心とした合科的な指導については，新入生が，幼児教育から小学校教育へと円滑に移行することに資するものであり，幼児教育との連携の観点から工夫することが望まれる。

　中学年以上においても，児童の興味・関心が広がり，思考が次第に総合的になる発達の段階を考慮し，各教科間の目標や内容の関連をより幅広く押さえ，指導計画を弾力的に作成し，合科的・関連的な指導を進めるなど創意工夫した指導を行うことが大切である。」(『小学校学習指導要領解説　総則編』p.59〜60)

　平成15年12月の学習指導要領を部分改正し，「総合的な学習の時間の一層の充実」を図るとして，次のように言いました。「総合的な学習の時間のねらいとして，各教科，道徳及び特別活動で身につけた知識や技能に関連付け，学習や生活において生かし，それらが総合的に働くようにすること」としたことは，総合的な学習の時間における関連的指導を強化するものです。

(1)　「国語と生活と図工と道徳」の生活単元(小学校2年, 30時間)
　　　—国語を中心に，生活，図工，道徳を統合して，総合単元『明りん　むかし　むかし』を創る—

学習活動	教科	学習指導要領の内容	項目	学習材
「力太郎」の音読をしよう	国語	場面の様子などについて，想像を広げながら読むこと。	C(1)ウ	ワークシート
	国語	語や文としてのまとまりや内容，響きなどについて考えながら声に出して読むこと。	C(1)エ	録音したカセットテープ
鹿島の昔話をさぐろう	生活	自分たちの生活は地域の人々や様々な場所とかかわっていることが分かり，それらに親しみを持ち人々と適切に接することができるようにする。	2(3)	ふりかえりカード
	道徳	郷土の文化や生活に親しみ，愛着を持つ。	4(4)	ふりかえりカード
	国語	知らせたいことを選び，事柄の順序を考えながら，相手に分かるように話すこと。	A(1)ア	
みんなに伝えよう	国語	文章を読み返す習慣を付けるとともに，間違いなどに注意すること。	B(1)オ	書き写した昔話
	図工	表したいことに合わせて，粘土，厚紙，クレヨン，パス，はさみ，のり，簡単な小刀類などの身近な材料や扱いやすい用具を手を働かせて使い，絵や立体に表したり，つくりたいものをつくったりする。	A(2)イ	紙芝居
絵本をつくろう	国語	語や文としてのまとまりや内容，響きなどについて考えながら声に出して読むこと。	C(1)エ	
	図工	表したいことに合わせて，粘土，厚紙，クレヨン，パス，はさみ，のり，簡単な小刀類などの身近な材料や扱いやすい用具を手を働かせて使い，絵や立体に表したり，つくりたいものをつくったりする。	A(2)イ	絵本

図7 『明りん むかし むかし―せかいに1つしかないむかし話絵本をつくろう―』(30時間)

(鹿島市立明倫小学校，平成12年)

Ⅳ 学校は，どのように，実践的な「学校の教育課程」を構成すべきか

1) 目指すもの

　この総合単元『明りん　むかし　むかし―せかいに1つしかないむかし話絵本をつくろう―』は国語が中心で，そこに，生活，図工，それに道徳が加えられた総合単元（30時間）です。「せかいに1つしかないむかし話絵本をつくろう」というサブタイトルからわかるように，絵本づくりが主たる活動ですが，子供たちは国語の読み物『力太郎』を読んだ後，学校のある「鹿島」地区にある昔話について調べ，絵本を作っています。こうした国語，生活，図工，道徳を統合して行う学習活動の中で，子供たちは，自分たちが住む「身近な生活場面を活用して，鑑賞力や発表力」を身に付けていくことが期待されます。

2) 学習活動の展開

　学習活動は，まず，「力太郎」の話を読むことから始まり，「桃たろう」や「おむすびころりん」を読む活動につながっています。次に，昔話を知っている地域の「お話の会」の方たちを学校に招き，聞き取りを行っています。聞き取りを元に，グループに分かれて「紙芝居」を作り，さらに，「絵本」づくりを行っています。

　学習活動の全体的なイメージを得るために，子供たちは「力太郎」を読んだ後で，ウェビングを行っています。学習活動は次のようにイメージされました。1つは，「力太郎」以外の昔話を読む活動です。他の1つは，「鹿島の昔話を探そう」という活動です。この後者の活動は，さらに，2つに分かれ，「昔話を知っているお年寄りから話を聞こう」という活動と，「聞いた話をもとに絵本をつくろう」という活動でした。このようにして，子どもたちは主体的に学習活動を計画し，学習しました。

3) その他の例

　低学年では，すべての教科，道徳，特別活動を合科して，総合単元を創り，指導することも考えられます。たとえば，1年生は4月から「学校大好き」「春さがし」「カタツムリと遊ぼう」「たなばた」と，ほ

ぼ，1ヵ月に1テーマを想定して学習していくという在り方です。ただし，国語，算数，体育は時折，必要に応じて，総合単元とは別に指導することになるでしょう。2年生は，国語，算数，体育の系統性に配慮して，やや，連続した指導をするとしても，なお，総合単元で指導していくことも考えられます。

(2) 「総合的な学習と社会と理科」の総合単元（小学校4年，40時間）
——総合単元『わたしたちの東川』を中心に，社会と理科を統合する——

1) 目指すもの

　総合単元「わたしたちの東川」は40時間の単元です。単元のねらいは「子供たちが親しんでいる東川を取り上げ，川岸の植物，川の流れ，船着き場の灯籠等自然のくらしに関わる問題を考えることを通して，『東川の自然に親しもう』『美しい東川の環境を守りたい』という意識を持たせたい」というものです。「まず，東川に沿って歩き，興味・関心を持った問題を追究し，地域社会の現状を把握した上で，自分にできることを考え，実践していく力を育てたいと考えている」とも言われています。すなわち，身近な場面での「切実な課題への追究力・実践力」の育成がねらいです。

2) 学習活動の展開

　この総合単元は，「環境コース」・「歴史コース」と「自然コース」・「川の流れコース」に分けて構成され，前者は社会科の3つの小単元「くらしをささえる水」「ゴミと住みよいくらし」「低地の人々のくらし」と関連を持たせ，後者は理科の3つの小単元「あたたかくなると」「あつくなると」「流れる水のはたらき」と関連を持たせて展開されています。

　「環境コース」・「歴史コース」は学校の横を流れる東川を探索し，課題を探し，さらに，昔の東川の様子を調べる活動をしています。「自然

Ⅳ 学校は、どのように、実践的な「学校の教育課程」を構成すべきか

図8 教科の学習と関連させた課題意識づくり
(岐阜県池田町立池田小学校，平成12年)

コース」・「川の流れコース」は東川の土手に生えている草花や川に住んでいる生き物（ほたる）を調べ，上流と下流の様子を調べています。

　これまた，スケールメリットと言ってよいのですが，子どもたちは，東川の探索後，発展学習として，自分たちの学習課題を決め，追究し，最後に，発表しています。A子は「東川の土手に咲く草花を調べよう」，B子は「川幅や川の流れの速さを上流，中流，下流で比べよう」，G男は「東川でゴミを燃やしてもダイオキシンは，発生しないのか」という課題を追究しています。

93

3) 統合することのメリット

4年生では，社会科で私たちの生活とゴミや水とのかかわり，川と人々の生活のかかわりについて学習します。また，理科では季節を通しての動植物の変化，流れる水のはたらきについて学習します。この総合単元は，これらの社会科や理科での学習内容が，基礎知識や学習の動機付けになると考えています。反対に，この学習で取り組んだ内容が，後に教科学習の中で一般化され，再認識することになると考えます。社会科や理科学習と関連させて進め，教科学習での知識や技能を活用することが，深く多様な追究を生み出す力になると考えています。

ここでは，中心に『わたしたちの東川』と題する総合的な学習を置いて，1学期で学んだ社会と理科の単元の学習成果を取り込み，他方，2学期では，これから学ぶ社会と理科の単元に，この総合的学習で学んだことを反映させよう，という関連を考えています。

(3) 「総合的学習の時間と国語と社会と算数と道徳」の総合単元（小学校6年，38時間）
―総合単元『ぶどう作り（育てる）』を中心に，国語と社会と算数と道徳を統合する―

1) 目指すもの

この総合単元は，総合的学習の時間（21），国語（2），社会（4），算数（2），道徳（9），計38時間の単元です。子供たちは地元の産業である「ぶどう」を育てるという実際的な（オーセンティック）場面に体験的に加わり，育てるという長期にわたる作業を通して学んでいます。

その過程で，ぶどうの種類や製品やぶどうに関する歴史や文化について調べています。こうした学習活動を通して，「働くことの意味を学び，労作力」を身に付けていくものと期待されます。

Ⅳ 学校は,どのように,実践的な「学校の教育課程」を構成すべきか

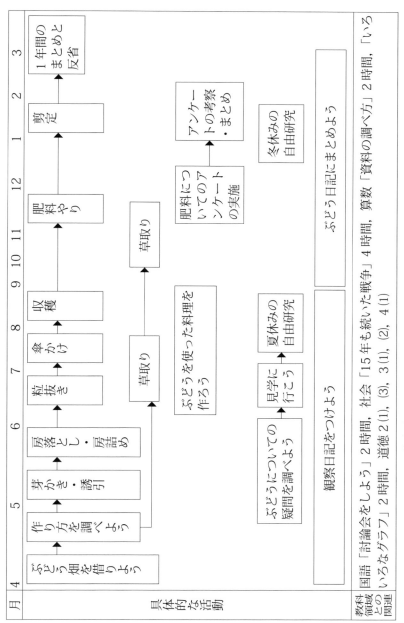

図9 「ぶどう(育てる)」(小学校6年,総時間数38時間)
(山梨県甲西町立落合小学校,平成11年)

2) 学習活動の展開

　学習活動の中心をなすものは「育てる」という労作です。観察日記をつけながら，芽かき・誘引，房落とし・房詰め，粒抜き，草取り（1回目），傘かけ，収穫，草取り（2回目），肥料やり，剪定という労作です。この労作と並行して，「ぶどうを使った料理」「ぶどうについての夏休みの自由研究」「冬の自由研究」が行われています。

3) 単元の目標（教師の願い）

・命の大切さを知り，命を慈しむ心を育てたい。
・自分を支えてくれる人やものの存在に気付き，それらを大切にする態度を育てたい。
・自分の住んでいる地域の特徴を知り，ふるさとを愛する気持ちを育てたい。
・自ら問題を見つけ，取り組み，よりよく解決していく力を育てたい。
・自分たちで話し合って活動を進めていく実行力を育てたい。

(4) 「学年行事と教科と学級活動」の総合単元（小学校4年, 20時間）
　　—学年行事『鋸南自然教室に行こう』，国語，学級活動を統合して，総合単元『レッツ・ゴー！　鋸南』を創る—

1) 目指すもの

　この総合単元は，学年行事『鋸南自然教室に行こう（マザー牧場，保田漁港，鋸山）』（12時間）に国語（6時間），学級活動（2時間）を加えて，『レッツ・ゴー！　鋸南』（20時間）として創られた総合単元です。学年行事を行って，そのまま，総合的な学習の時間としてしまう学校が多い中で，総合的な学習の時間の目指す目標を踏まえた学習活動にした総合単元です。総合的な学習の時間の目標は「自ら課題を見つけ，自ら学び，自ら考え，主体的に判断し，よりよく問題を解決する資質や能力を育成するとともに，……」です。他方，学年行事の目標は「望ま

	総合	学活	国語	活動内容
計画・準備・追究	①①①②②②	①①	③	鋸南自然教室に行こう 班，係を決めよう 自分の問題を持とう 自分の問題を追究しよう 「鋸南を成功させよう集会」の準備をしよう 自分の心と体を知ろう（保健指導） 「鋸南を成功させよう集会」を開こう 鋸南自然教室参加について最終確認をしよう グループ新聞の作り方を知ろう ◎新聞の作り方の基本を理解する。 ◎記事の書き方，取材の仕方を話し合う。
見学・体験	②			約束を守って，楽しく仲よく生活しよう グループ新聞の記事を集めよう 1日目　マザー牧場　お楽しみ会 2日目　保田漁港　いもほり・やきいも　星の観察 3日目　鋸山
記録・まとめ	①		③	3日間の生活を振り返ろう グループ新聞を作ろう
計	12	2	6	

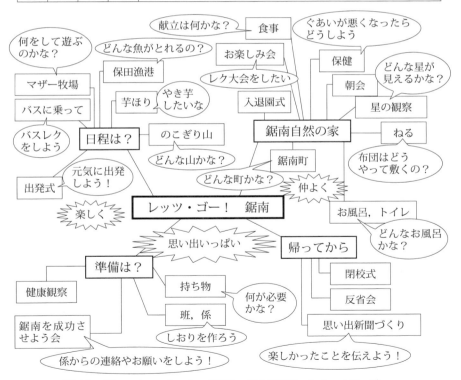

図10　『レッツ・ゴー！　鋸南』（20時間）とウェビング
（東京都足立区立北鹿浜小学校，平成12年）

しい人間関係を形成し，集団への所属意識や連帯感を深め，公共の精神を養い，……」です。この2つの目標を達成するように学習活動が構成されています。2泊3日の宿泊学習という自然教室で「実生活場面を通して，企画力，実行力」の育成を目指しています。

2） 学習活動の展開

図10のウェビング図からわかるように，子供たちは，事前に，14時間を使って，2泊3日の宿泊学習の計画（準備）を立て，訪問するマザー牧場，保田漁港，鋸山で何をするのか，決めて，出発しています。第1日目はマザー牧場で遊びをし，第2日目は保田漁港でどんな魚が取れるか調べ，第3日目は鋸山で山の探索をしています。その間，「鋸南自然の家」に2泊し，星の観察，お楽しみ会を開いています。学校に帰って，4時間を使って，グループごとに「新聞づくり」をして，この宿泊学習をまとめています。

3） 総合的な学習の時間と特別活動

学校・学年行事をそのまま総合的な学習の時間に振り替えて行っていることが問題として浮かび上がってきました。両者の間の区分については，1）で見ましたが，現行学習指導要領（中学校編）は，ここで取り上げた宿泊を伴う「自然教室」について，次のように言って「総合的な学習の時間」となる学習活動としています。

「総合的な学習の時間で行われる自然体験活動は，環境や自然を課題とした問題の解決や探究活動として行われると同時に，『平素と異なる生活環境にあって，見聞を広め，自然や文化などに親しむとともに，集団生活の在り方や公衆道徳などについての望ましい体験を積むことができる』旅行・集団宿泊的行事。」（『中学校学習指導要領解説　総則編』p.54～55）

Ⅳ 学校は、どのように、実践的な「学校の教育課程」を構成すべきか

(5) 「教科と道徳と学級活動と学校裁量」の総合単元（小学校6年，43時間）
―国語，道徳，学級活動，学校裁量を統合して，総合単元『卒業研究』を創る―

1) 目指すもの

　この6年の『卒業研究』は，国語，道徳，学級活動，それに学校裁量の時間の学習活動を統合させた1年間にわたる総合単元（43時間）です。学期中の学習時間は学級活動（6時間）を軸に取り，研究をまとめる活動（卒業論文を書く）のための時間は，学年末に学校裁量の時間（20時間）から取ってきています。「目指す子ども像」は次の4つです。
　(1)　自ら意思決定ができる子
　(2)　自ら進むべき方向について見通しを持てる子
　(3)　あらゆる可能性を追求できる子
　(4)　自らの行為に責任を持てる子
　卒業研究として小論文を書くのですから，子供たちが，主体的に，自分自身の成長を「振り返る行為」が期待されます。

2) 学習活動の展開

　6月に，学級会活動の2時間を使っての「卒業研究の進め方」と同時に，「ガイダンス」を行っています。7月，夏休みに入る前に，研究テーマの設定と研究計画を立案しています。子供たちは，夏休みの宿題として研究活動を行い，9月に中間発表会を開いています。10，11月と18時間をかけて，子供たちは研究を継続し，論文を書いています。この間に，国語の授業で「本で調べること，言葉の用い方」について，学んでいます。1月に発表の準備をし，2月に発表会で発表しています。

月		学習活動と内容		教科等との関連	
6	1	ガイダンス	②	学活「卒業研究の進め方」	②
				◆どのように卒業研究を進めるかについて理解する。	
7	2	テーマ設定	②		
	3	研究計画立案	②	道徳「自分の特性を生かそう」（個性伸長）	④
	4	第1次研究活動	⑥	◆個性を生かした研究テーマを選ぶ。	
				◆研究の計画を立てる。	
9	5	中間発表会	①	学活「中間発表会をしよう」	①
				◆自分の研究成果をレポートで発表する。	
10	6	第2次研究活動	⑱	国語「本で調べて」	②
11				◆本を利用して，調査活動を行う。	
				「いろいろな題材で」	⑥
				◆テーマに応じて自分の研究内容をまとめる。	
12	7	研究論文作成	⑥		
1		発表準備		「言葉の使い分け」	⑤
				◆目的や意図に応じて適切に話す。	
2	8	研究発表会	⑥	学活「研究発表会をしよう」	③
				裁量	⑳

図11　総合単元『卒業研究』（6年，43時間）
（千葉市立打瀬小学校，平成10年）

3）「児童の興味・関心に基づく課題」に取り組む総合的な学習の時間

　現行学習指導要領は，総合的な学習の時間の学習活動として「現代的な課題－国際理解，情報，環境，福祉・健康についての課題」，「児童の興味・関心に基づく課題」「地域の伝統や文化についての課題」がかかわるべきものとしています。このうち，「児童の興味・関心に基づく課題」に取り組む総合的な学習の時間は「課題選択学習」や「自由研究」という学習形態を取るのですが，この総合単元『卒業研究』は最も長期間にわたる「自由研究」と言えます。

V
教師は，どのような考えに基づいて，「主体的・対話的で深い学び（アクティブ・ラーニング）」を捉えるべきか

・・・・・・・・・・ プロローグ ・・・・・・・・・・

　この章と次の第Ⅵ章では，「どのように学ぶか（各教科等の指導計画の作成と実施，学習・指導の改善・充実）」という教育方法に焦点を当てて考えていきます。「学校の教育課程」の編成と同じように，「学校での教育方法」を創出するのは，教師たちの責務です。まさに，そこにこそ，教職の専門性が十全に発揮されるべきです。しかし，多くの教師が「主体的・対話的で深い学び（アクティブ・ラーニング）」という言葉を積極的に捉えているとは言い難いのです。その根本的な原因は教師たちが指導の力点を「教えることから学ぶことへ」の置き換えに戸惑い，躊躇していることにあるのです。したがって，**この章では，次期学習指導要領のいう「主体的・対話的で深い学び」の理解を深め，一人ひとりの子供が主体的・対話的で深い学習の主人公になる学習活動の在り方を追求したい**，と考えます。

　明らかに，次期学習指導要領のねらい，すなわち，「3つの柱」からなるコンピテンシー（資質・能力）の育成を目指すためには，現状の授業の在り方を大きく改善する必要がある，と考えられているのです。第Ⅲ章で見てきたように，学校の教育課程が「教科学習」「教科等横断的視点に立った学習（教科横断的学習・領域横断的学習）」および「総合的な学習の時間」から編成されるとしても，これらの学習に底通する**学習活動の基本は，習得・習熟を目指したドリル学習や暗記学習ではなく，子供たちの主体的な「問題解決学習」である**のです。子供たちが学習活動に主体的に取り組み，かつ，多様で豊かな人的・物的学習環境と対話しながら，学習を自分にとって意味ある深いものにするために，従来からの学習活動のどこをどう変革すべきか，と考えたいのです。

1 「特定の学習や指導の『型』に拘泥しない」多様な授業を創る

(1) 多様な授業が「主体的・対話的で深い学び」に必要である

　『次期学習指導要領等に向けたこれまでの審議のまとめ』(平成28年8月26日，p.45)によれば,「主体的・対話的で深い学び」をもたらす指導方法は「限りなく存在し得るものであり」,「特定の教育方法にこだわるあまり，指導の型をなぞるだけで意味のある学びにつながらない授業になってしまったりという恐れも指摘されている」と言われています。

　また,「育成を目指す資質・能力を総合的に育むという意義を踏まえた積極的な取組の重要性が指摘される一方で，指導法を一定の型にはめ，教育の質の改善のための取組が，……中略……，特定の学習や指導の『型』に拘泥する事態を招きかねないのではないかとの指摘を踏まえての危惧と考えられる」とも言われています。

　さらに,「教員一人一人が，子供たちの発達の段階や発達の特性，子供の学習スタイルの多様性や教育的ニーズと教科等の学習内容，単元の構成や学習の場面等に応じた方法について研究を重ね，ふさわしい方法を選択しながら，工夫して実践できるようにすることが重要である」と指摘されています。

　言い換えると，学習活動の基本は学習課題を解決する学習活動であるとしても,「特定の学習や指導の『型』に拘泥する」べきではないと言うのです。率直に言えば，今日，最も一般的な指導法は，教室という空間で，30人近い子供たちを対象とし，45分間あるいは50分間のいわゆる「一斉指導」です。もちろん，心ある教師たちはいろいろ創意工夫して授業を行ってきているに違いないのですが，改めて，コンピテンシ

Ⅴ　教師は，どのような考えに基づいて，「主体的・対話的で深い学び」を捉えるべきか

ー（資質・能力）の育成にふさわしい"新しい"授業を創造していくべきである，と考えます。

(2) 「主体的・対話的で深い学び」のための 10 の授業モデルを創る

　重要なことなので繰り返しますが，「主体的・対話的で深い学び（アクティブ・ラーニング）」の目指すところは「変化してやまない，答えのない今後のグローバル社会に生きていくために必要な資質・能力」，すなわち，「自立した人間として，多様な他者と協働しながら創造的に生きていくのに必要な資質・能力」の育成にあると言われます。こうした狙いを持つ「主体的・対話的で深い学び」を真に活動的，能動的な学習活動にするためには，一斉授業の持つ「学習課題」「学習ペース（時間）」「教材（資料）」「結論（まとめ）」という画一性・一斉性を変化させていくことが必要です。

　この節では「学習ペース（時間）」と「教材（資料）」という学習方法にかかわる要素と，「学習課題」と「結論（まとめ）」という学習内容にかかわる要素に分け，順次，「子どもの視点」から変化させて，「主体的・対話的で深い学び」にふさわしい"新しい"授業を創っていきます。

　「学習ペース（時間）」と「教材（資料）」という学習方法にかかわる要素を処遇した授業を「参加型授業」と名付け，「学習課題」と「結論（まとめ）」という学習内容にかかわる要素を「参画型授業」と名付けて，大きく二分しておきます。次に図 12「アクティブ・ラーニングのための授業モデル」の一覧を掲げておきますので，それを参照しながら以下の「主体的・対話的で深い学び」のための 10 の授業モデルについての説明を読んでください。（なお，「はじめに」でも書きましたように，昨年，『アクティブ・ラーニングの考え方・進め方』を著し，そこに，10 の"新しい"授業についてふれています。ぜひ，参考にしてください。）

領域	教科等	モデル名（学習名）	学習活動の展開
↑ （参加型授業） ↑ × ↓ （参画型授業） ↓	↑ 国語、算数・数学、英語 ↑ 社会、理科 ↓ 生活科、総合的学習、道徳、特別活動 ↓	① 補充指導 （マスタリー学習）	一斉指導 ◇ 補充指導
		② 学力別指導 （アビリティ・グループ学習）	◇ — 上位グループ / 中位グループ / 下位グループ
		③ 反転授業 （フリップ・オーバー学習）	アサインメント ＋ 一斉指導
		④ 一人学習 （マイペース学習）	□ ＋ 個別学習
		⑤ 二人学習 （ペア共同学習）	□ ＋ 個別学習
		⑥ 小グループ学習 （グループ協働学習）	□ ＋ 個別学習
		⑦ 発展課題学習 （エンリッチ学習）	一斉指導 ＋ 発展学習
		⑧ 課題選択学習 （トピック学習）	□ — トピックA / トピックB / トピックC
		⑨ 自由課題学習 （テーマ学習）	個別学習 ＋
		⑩ 自由研究学習 （インディペンデント学習）	個別学習

図12　アクティブ・ラーニングのための授業モデル

（ □ 一斉指導・学習　　▱ 個別指導・学習　　□ 導入・まとめ　　◇ 診断的活動）

Ⅴ　教師は，どのような考えに基づいて，「主体的・対話的で深い学び」を捉えるべきか

(3) 「参加型授業」モデルを創る

① 「補充指導」モデル

　極めて単純明快な理由から，第1の「補充指導」モデル，第2の「学力別指導」モデルを「主体的・対話的で深い学び（アクティブ・ラーニング）」を目指す授業モデルに加えています。その理由とは"できた"という達成感・成就感こそが子供たちを学習に"能動的・積極的（アクティブ）"に駆り立てる原動力に違いないからです。言うまでもなく，「落ちこぼれ」と言われる子どもたちに「主体的・対話的で深い学び」を期待することはできない相談です。

　最初の「授業モデル」は「一斉指導＋補充指導」というものです。一般には「完全習得学習（マスタリー・ラーニング）」と言われますが，「補充指導」がそれに先行して行われる「一斉指導」を補強・強化するものと期待されますので「強化学習」と名付けてもよいかと考えます。

② 「学力別指導」モデル

　次に，第1の「補充指導」授業モデルの延長上に位置する「学力別指導」モデルについて考えます。この授業モデルは，「学年制」をベースとする近代学校の中では，常に再起してきている授業の在り方です。学年進行とともに学力差が大きくなり，特に，指導内容に強い系統性を持つ「用具系教科」すなわち，国語，算数・数学，英語などでは，落ちこぼれていく子どもたちが多くなっていきます。子どもたちが不登校児になる最大の原因は「学力不振」と言われています。

　この拡大する学力差に対応する授業モデルとして，学力別あるいは能力別指導が考えられます。学年あるいは学級の中で，たとえば，上位・中位・下位の学力別グループを編成し，学力に応じた指導をします。

③ 「反転授業」モデル

　この授業モデルを「アクティブ・ラーニング」のためのモデルに加え

た理由は，本番の授業の前に，本番の授業への動機付け，意欲付けのための活動を事前に用意し，本番の授業を「能動的・積極的な学習」にしようと試みているモデルだからです。子供たちに意欲がない，やる気がないと嘆く教師は実に多いのですが，では，一体どんな工夫をしているのか，教師たちに問うと，その答えが極めて貧弱です。「本時の目当て（目標）をはっきり意識させるようにしている」といった程度の答えが一般的ではないでしょうか。

今では，この見慣れない表現の授業名は英語のフリップ・オーバー（ひっくり返された）から来ていることはよく知られています。第1の授業モデルは「一斉指導」に続いて，一斉指導を補充し，強化する目的で，「補充指導」を行うというものですが，この授業モデルは一斉指導に先立って，一斉指導を補充し，強化する目的で「アサインメント（予習）」を課して，事前に課題意識を喚起したり，動機付けを行おうとするものです。

④ 「一人学習」モデル

「一人学習」モデルを「主体的・対話的で深い学び」のための授業モデルとして加えた理由は，学習者一人ひとりに自らの「学習ペース」や「学習リズム」を刻むということを保証するものだからです。一斉授業（一斉学習）では，それが持つ「一斉性」ゆえに，学級の全員と同じペースで学習していかねばなりません。そこでは，学習者が持つ「学習ペース」や「学習リズム」はかき消されてしまっています。まるで運動会の一斉行進のように，子どもたちは一斉に学習していくことが当然のことのように仕組まれています。しかし，一人ひとりの子どもは自分なりの「学習ペース」や「学習リズム」を持っているのです。「ゆっくりしか考えられない子」「速く進んでいくことができる子」「緊張して学習に取り組む子」「あまり気にせず学習に取り組む子」など，子どもたちはいろいろな「学習ペース」や「学習リズム」を持って学習しているはず

Ⅴ　教師は，どのような考えに基づいて,「主体的・対話的で深い学び」を捉えるべきか

です。「マイペース学習」とか，「自力解決学習」とか呼ばれることもあります。

⑤　「二人学習」モデル

　この授業モデルを「主体的・対話的で深い学び」のための授業モデルとして加えた理由は，やはり単純明快で，学習活動が"楽しいもの"になるからです。人間は"楽しいから"能動的・積極的（アクティブ）になるといった存在です。子どもも当然同じです。このモデルに属する学習を「二人共同学習」や「ペア共同学習」と呼ぶことができます。"共同"は2人で力を合わせて協力し合って学習する状態で，3人以上のグループで"協同"して学習する状態と分けて考えておきます。

⑥　「小グループ学習」モデル

　2人での「二人学習」に続いて，3人から数人での「小グループ学習」です。社会生活の多くの場面で，人間は数人で組んで，「対話」を重ねながら活動していきます。子どもたちの発達段階からしても，小学校の高学年あたりから，「小グループ」で活動することが多くなってきます。その中で社会的なルールを学ぶようになるのです。重要なことですが，「二人学習」と同じように，「小グループ学習」はこうした生活指導の側面を含んでいます。

　同時に，「小グループ学習」は各人が「決めたことに協同して責任を持って遂行する」という連帯感を前提として成り立つ学習活動です。「小グループ学習」が真に主体的・対話的で深い学び（アクティブ・ラーニング）になるためには，小グループで活動する楽しさと共に，厳しさを伴うものです。

　かつては，共同学習とか，協同学習という言葉が用いられていましたが，今日では，英語の「コオパラティブ・ラーニング」を模して，協働学習という言葉が用いられてきています。

(4) 「参画型授業」モデルを創る

　念のため繰り返して強調しておきたいことがあるのです。それは，子供たちを真に能動的・積極的に学習させたいと考えるなら，学習方法だけでなく，学習内容についても，子供たちが「主導権（イニシアティブ）」を取ることを認めなければならないということです。「参加型授業」と「参画型授業」の違いはここにあります。

　「参画型授業」では子供たちが「教育内容」についてイニシアティブを発揮してきます。すなわち「自分があるいは自分たちが学びたいこと」を学ぶようになってきます。こうした授業の中で，子供たちは「自分が得意とする分野」と「自分が得意とする方法」を形成する機会を得ることができる，と考えます。

　⑦　「発展課題学習」モデル

　「発展課題学習」モデルは「補充指導」モデルと対をなすものです。一斉授業の後に，「補充指導」ではなく，発展的な学習課題を提供し，学習させるという授業の在り方です。よく知られているように，今の教科書には補充問題と同時に発展問題が用意されています。したがって，このモデルは直ちに実行可能なものです。ただし，子供たちが「学習内容」にもイニシアティブを発揮するという「参画型授業」のモデルとしては，発展課題を選択できるようにすべきです。そうすることによって，発展課題の1つに集中して学習できるようになるからです。しかし，子供たちが発展課題そのものを自分で考えることを認めるのには，「発展課題学習」の時間が短いのではないかと考えられます。

　⑧　「課題選択学習」モデル

　実のところ，「課題選択学習」という言葉は一般化しているように思われますが，実際に「課題選択学習」が行われているかどうか，疑われます。上級学校への入学試験がペーパーテストであり，教科書が取り扱

っている内容のすべてから出題されるとなると，複数の課題からある1つの課題を選択して，その課題にのみ集中して学習するという在り方は"偏り"を生み，現実的でなくなります。

しかし，選択という行為の持つ意義は重要です。複数の課題からある1つの課題を選択するという決断は，選ばなかった課題を学習できないわけで，責任を伴います。このことは「アクティブ」という意味を「能動的な」という段階から「主体的な」という段階に引き上げることにつながります。

⑨ 「自由課題学習」モデル

「課題選択学習」と「自由課題学習」の違いは次のようです。前者は上に見てきたように，教師がいくつかの課題を提示し，子供たちがそのうちの1つの課題を選択して学習していきます。それに対して，後者は子供たちが，共通のテーマのもとにあって，自由に学習課題を決めて学習していくという在り方です。

選択の幅が広がり，自分が探究したいと考える課題について学習できることになり，当然，子供たちはより能動的，かつ，主体的に学習するようになります。また，そこには"自分が選んだ，決めた"という事実に依拠する責任感も期待できるというものです。

ここでも付け加えておけば，「自由課題学習」は「一人学習」でも，「二人学習」でも，また「小グループ学習」でも可能です。それこそ，「自由課題学習」ですから，個人として，あるいは，ペアを組んで，また，数人のグループで学習することも子供の選択に委ねられるべきでしょう。また，子どもたちがそれぞれ自由に学習課題を決めて学習していきますので，他のグループと学習状況を交換する機会が学習活動の途中に設けられることが望ましいでしょう。学習状況について情報を交換するために用意された時間の長さにもよりますが，それぞれのグループの活動状況，特にグループが当面した課題とその解決のプロセスについ

て情報が交換されると，学習活動が促進されるでしょう。学習活動の最後には，それぞれのグループの発表が用意されることは言うまでもありません。

⑩ 「自由研究学習」モデル

かつて学校裁量時間や「ゆとりの時間」を活用して「自由研究学習」が行われました。毎週あるいは隔週に1時間，あるいは，2時間続きで，子供たちはまさに自由に課題を決め，方法も決めて学習しました。これは教師との「契約学習」で，子供たちは学習計画について教師の承諾を得て，学習しました。教師は子供たちに課題設定の理由をただし，テーマ追究の手立てと手順についてアドバイスをし，ゴーサインを出して，学習活動が始まります。言うまでもなく，子供たちは「自分がやりたいと思うことを自分のやりたい方法」で学習することのできる授業で，最も能動的・主体的な学習が展開されました。

「自由研究学習」は「学校名＋タイム」と呼ばれることが多く，「オープン・タイム」と呼ぶ学校もありました。こうした学校では，通常の教師だけでは手がまわらないため，ボランティアの方々の支援をいただいていました。

(5) 子供たちの「主導権（イニシアティブ）」のレベルを上げていく

前の2つの章，第Ⅲ，Ⅳ章で述べてきたごとく，各学校は「学校の教育課程」を編成するにあたって，現行学習指導要領でも，"地域や子どもの実態や教科の特質"を配慮し，「特色ある教育課程」を編成し，授業を行うことを目指さねばなりません。次期学習指導要領では，さらに加えて，"主体的・対話的で深い学び（アクティブ・ラーニング）"を目指して，各学校は「特色ある教育課程」を編成し，授業を行うことが求められることになるでしょう。

Ⅴ　教師は，どのような考えに基づいて，「主体的・対話的で深い学び」を捉えるべきか

　その際，「教科学習」の分野だけでなく，「教科等横断的な視点に立った学習（教科横断的学習・領域横断的学習）」や「総合的な学習の時間」の分野においても，どの授業モデルを採用して授業していくべきか，決めていく必要がありますが，およそのイメージを描いてみると，次のようになります。

　まず，「教科学習」の分野ですが，「用具系教科」と言われる国語，算数・数学，英語は，学習内容が系統的に「積み上げ方式」で構成されていますので，第1の「補充指導」モデルから第7の「発展課題学習」モデルまでの授業モデルを採用して指導していくことになります。

　「内容系教科」と言われる理科，社会科では，第3の「反転授業」モデルから第8の「課題選択学習」モデルまでのモデルを用いて指導していくことになります。

　生活科や総合的な学習の時間，道徳，特別活動の指導は子どもたちの学習課題設定力と課題解決力の育成を目指していますので，第4の「一人学習」モデルから第10の「自由研究学習」モデルまでの授業モデルを採用することになると考えられます。

　次に，「教科等横断的な視点に立った学習」や「総合的な学習の時間」の分野ですが，前者については，横断的にアプローチする単元の数が多くなればなるほど，学際化・総合化の度合いが多くなり，学習活動がより広く，深くなることが考えられます。

　また，後者は「現代的な諸課題」をめぐる学習活動ですので，極めて，総合的・統合的です。やはり，第4の「一人学習」モデルから第10の「自由研究学習」モデルまでの授業モデルを採用することになると考えられます。

2 「主体的・対話的で深い学び」のための学習活動づくりを目指す

(1) 「主体的な学び」「対話的な学び」「深い学び」の視点から授業を改善する

『審議のまとめ』(p.46〜47) は (「主体的・対話的で深い学び」の実現) と題して, 次のように言います。少し長くなりますが, 授業改善にとって重要ですので, 引用しておきます。

> ○ 「主体的・対話的で深い学び」の具体的な内容について, 以下のように整理することができる。
> 　「主体的・対話的で深い学び」の実現とは, 以下の視点に立った授業改善を行うことで, 学校教育における質の高い学びを実現し, 学習内容を深く理解し, 資質・能力を身に付け, 生涯にわたって能動的 (アクティブ) に学び続けるようにすることである。
> ① 学ぶことに興味や関心を持ち, 自己のキャリア形成の方向性と関連付けながら, 見通しを持って粘り強く取り組み, 自己の学習活動を振り返って次につながる「主体的な学び」が実現できているか。
> 　　子供自身が興味を持って積極的に取り組むとともに, 学習活動を自ら振り返り意味付けたり, 身に付いた資質・能力を自覚したり, 共有したりすることが重要である。
> ② 子供同士の協働, 教職員や地域の人との対話, 先哲の考え方を手掛かりに考えること等を通じ, 自己の考えを広げ深める「対話的な学び」が実現できているか。

Ⅴ 教師は、どのような考えに基づいて、「主体的・対話的で深い学び」を捉えるべきか

　　　身に付けた知識や技能を定着させるとともに，物事の多面的で深い理解に至るためには，多様な表現を通じて，教職員と子供や，子供同士が対話し，それによって思考を広げ深めていくことが求められる。
③　各教科等で習得した概念や考え方を活用した「見方・考え方」を働かせ，問いを見いだして解決したり，自己の考えを形成し表したり，思いを基に構想，創造したりすることに向かう「深い学び」が実現できているか。
　　　各教科等で習得した概念（知識）や考え方を実際に活用して，問題解決等に向けた探究を行う中で，資質・能力の三つの柱に示す力が総合的に活用・発揮される場面が設定されることが重要である。教員はこの中で，教える場面と，子供たちに思考・判断・表現させる場面を効果的に設計し関連させながら指導していくことが求められる。
○　これら「主体的な学び」「対話的な学び」「深い学び」の三つの視点は，子供の学びの過程としては一体として実現されるものであり，また，それぞれ相互に影響し合うものでもあるが，学びの本質として重要な点を異なる側面から捉えたものであり，授業改善の視点としてはそれぞれ固有の視点であることに留意が必要である。単元や題材のまとまりの中で，子供たちの学びがこれら三つの視点を満たすものになっているのか，それぞれの視点の内容と相互のバランスに配慮しながら学びの状況を把握し改善していくことが求められる。

(2) まず,「主体的な学び」と「対話的な学び」について,検討する

言うまでもなく,「主体的・対話的で深い学び(アクティブ・ラーニング)」は次期学習指導要領の教育方法上のキーワードです。授業改善にとって重要ですので,さらに,「主体的な学び」「対話的な学び」「深い学び」に分けて,吟味してみたいと考えます。

1)「**主体的な学び**」の検討

以下,かなり長くなりますが,国語,社会,算数・数学,理科,総合的な学習活動の順に,『審議のまとめ』から引用していきます。

① 国語では,次のように言われています。(p.120〜121)

> 「主体的な学び」の実現に向けて,子供自身が目的や必要性を意識して取り組める学習となるよう,学習の見通しを立てたり振り返ったりする学習場面を計画的に設けること,子供たちの学ぶ意欲が高まるよう,実社会や実生活との関わりを重視した学習課題として,子供たちに身近な話題や現代の社会問題を取り上げたり自己の在り方生き方に関わる話題を設定したりすることなどが考えられる。特に,学習を振り返る際,子供自身が自分の学びや変容を見取り自分の学びを自覚することができ,説明したり評価したりすることができるようになることが重要である。

② 社会では,次のように言われています。(p.133)

> 主体的な学びについては,児童生徒が学習課題を把握しその解決への見通しを持つことが必要である。そのためには,単元等を通した学習過程の中で動機付けや方向付けを重視するとともに,学習内容・活動に応じた振り返りの場面を設定し,児童生徒の表現を促す

Ⅴ　教師は，どのような考えに基づいて，「主体的・対話的で深い学び」を捉えるべきか

ようにすることなどが重要である。

③　算数・数学では，次のように言われています。(p.159)

算数科・数学科では，児童生徒自らが，問題の解決に向けて見通しをもち，粘り強く取り組み，問題解決の過程を振り返り，よりよく解決したり，新たな問いを見いだしたりするなどの「主体的な学び」を実現することが求められる。

④　理科では，次のように言われています。(p.169)

理科において「主体的な学び」を実現していくためには，例えば，a) 自然の事物・現象から問題を見いだし，見通しをもって課題や仮説の設定や観察・実験の計画を立案したりする学習場面を設けることや，b) 観察・実験の結果を分析・解釈して仮説の妥当性を検討したり，全体を振り返って改善策を考えたりする学習場面を設けること，c) 得られた知識や技能を基に，次の課題を発見したり，新たな視点で自然の事物・現象を把握したりする学習場面を設けることなどが考えられる。

⑤　総合的な学習の時間では，次のように言われています。(p.331〜332)

総合的な学習の時間において，探究のプロセスの中で主体的に学んでいく上では，課題設定と振り返りが重要である。課題の設定に当たっては，自分事として課題を設定し，主体的な学びを進めていくようにするため，実社会や実生活の問題を取り上げることや，学習活動の見通しを明らかにし，ゴールとそこに至るまでの道筋を描きやすくなるような学習活動の設定を行うことが必要である。

以上，国語，社会，算数・数学，理科と総合的な学習の時間で言われているところの「主体的な学び」について，まとめてみると，「主体的な学び」は"課題（問題）解決学習"というプロセスの中で成立するものであることがわかります。もちろん，"課題（問題）解決学習"は従来から強調されてきている学習活動ですが，学校における意図的な教育活動として，"課題（問題）解決学習"こそ，基本的な学習活動に違いないのです。授業改善という視点からすると，「実社会や実生活との関わりを重視した学習課題や自分事として課題」の設定，「メタ認知力を育む振り返り」の強調，さらに，「次の課題」の発見といった点が目に付きます。

　残念なことに，国語，社会，算数・数学，理科といった「教科学習」での「主体的な学び」と「総合的な学習の時間」での「主体的な学び」の間に，明確な違いが読み取れないのです。あえて言えば，総合的な学習の時間について「自分事として課題を設定し，実社会や実生活の問題を取り上げること」と言われていることくらいでしょうか。

2）「対話的な学び」の検討

　ここでも，同じように，以下，国語，理科，総合的な学習活動の順に，『審議のまとめ』から引用していきます。

　①　国語では，次のように言われています。（p.121）

> 「対話的な学び」の実現に向けて，例えば，子供同士，子供と教職員，子供と地域の人が，互いの知見や考えを伝え合ったり議論したり協働したりすることや，本を通して作者の考えに触れ自分の考えに生かすことなどを通して，互いの知見や考えを広げたり，深めたり，高めたりする言語活動を行う学習場面を計画的に設けることなどが考えられる。

　②　理科では，次のように言われています。（p.170）

Ⅴ　教師は，どのような考えに基づいて，「主体的・対話的で深い学び」を捉えるべきか

> 　理科において「対話的な学び」を実現していくためには，例えば，課題の設定や検証計画の立案，観察・実験の結果の処理，考察・推論する場面などでは，あらかじめ個人で考え，その後，意見交換したり，議論したりして，自分の考えをより妥当なものにする学習場面を設けることなどが考えられる。

③　総合的な学習の時間では，次のように言われています。(p.331 〜 332)

> ○多様な他者と力を合わせて問題の解決や探究活動に取り組むことには，①他者へ説明することにより生きて働く知識や技能の習得が図られること，②他者から多様な情報が収集できること，③新たな知を創造する場を構築できることといったよさがある。
> ○協働的に学習することはグループとして結果を出すことが目的ではなく，一人一人がどのような資質・能力を身に付けるかということが重要であることに留意する。
> ○また，「対話的な学び」は，学校内において他の児童生徒と活動を共にするということだけではなく，一人でじっくりと自己の中で対話すること，先人の考えなどと文献で対話すること，離れた場所をICT機器などでつないで対話することなどを含め，様々な対話の姿や対象が考えられる。

　以下，国語，理科と総合的な学習の時間で言われているところの「対話的な学び」について，まとめてみると，「対話的な学び」は"子供同士，子供と教職員，子供と地域の人が，互いの知見や考えを伝え合い議論したり協働したりすること"で，人間と人間の間でのコミュニケーションによる新しい意味での「学び合い，響き合い，助け合い」活動のこと，と言ってよいでしょう。

授業改善という点から見ると，"あらかじめ個人で考え，その後，意見交換したり，議論したりして，自分の考えをより妥当なものにする学習場面を設けること"や，"先人の考えなどと文献で対話すること，離れた場所をICT機器などでつないで対話すること"と，従来から言われてきている「学び合い，響き合い，助け合い」活動を再構成することを求めている，と言えるでしょう。

(3) 次に，「深い学び」について，検討する

　「深い学び」についての検討を「主体的な学び」と「対話的な学び」についての検討から切り離したのは，"深い学び（ディープ・ラーニング）"という表現が，ごくありふれた言葉でありながら，次期学習指導要領のキーワードの1つだからです。また，もう1つのキーワード，アクティブ・ラーニングの中核を形成しているからです。

　『審議のまとめ』では，次のように言われています。

3) 「深い学び」の検討

　同じように，国語，社会，総合的な学習活動の順に引用していきます。
　① 国語では，次のように言われています。(p.121)

　「深い学び」の実現に向けて，「言葉による見方・考え方」を働かせ，言葉で理解したり表現したりしながら自分の思いや考えを広げ深める学習活動を設けることなどが考えられる。その際，子供自身が自分の思考の過程をたどり，自分が理解したり表現したりした言葉を，創造的・論理的思考の側面，感性・情緒の側面，他者とのコミュニケーションの側面からどのように捉えたのか問い直して，理解し直したり表現し直したりしながら思いや考えを深めることが重要であり，特に，思考を深めたり活性化させたりしていくための語彙を豊かにすることなどが重要である。

Ⅴ 教師は，どのような考えに基づいて,「主体的・対話的で深い学び」を捉えるべきか

② 社会では，次のように言われています。(p.133)

> 　深い学びの実現のためには，「社会的な見方・考え方」を用いた考察，構想や，説明，議論等の学習活動が組み込まれた，課題を追究したり解決したりする活動が不可欠である。具体的には，教科・科目及び分野の特質に根ざした追究の視点と，それを生かした課題（問い）の設定，諸資料等を基にした多面的・多角的な考察，社会に見られる課題の解決に向けた広い視野からの構想（選択・判断），論理的な説明，合意形成や社会参画を視野に入れながらの議論などを通し，主として用語・語句などを含めた個別の事実等に関する知識のみならず，主として社会的事象等の特色や意味，理論など含めた社会の中で汎用的に使うことのできる概念等に関わる知識を獲得するように学習を設計することが求められる。

③ 総合的な学習の時間では，次のように言われています。(p.327〜328)

> 　総合的な学習の時間の特質から求められることは，大きく整理すると，以下のような点がある。
> ・一つの教科等の枠に収まらない課題に取り組む学習活動をとおして，各教科等で身に付けた知識や技能等を相互に関連付け，学習や生活に生かし，それらが児童生徒の中で総合的に働くようにすること。
> ・多様な他者と協働し，異なる意見や他者の考えを受け入れる中で，実社会や実生活との関わりで見出される課題を多面的・多角的に俯瞰して捉え，考えること。
> ・学ぶことの意味や意義を考えたり，学ぶことを通じて達成感や自信を持ち，自分のよさや可能性に気付いたり，自分の人生や将来

> について学んだことを現在及び自己の将来につなげたりして考えるという，内省的（Reflective）な考え方をすること。特に高等学校においては自己のキャリア形成の方向性と関連付けながら「見方・考え方」を組み合わせて統合させ，活用すること。

　以下，国語，社会と総合的な学習の時間で言われているところの「深い学び」について，まとめてみると，「深い学び」はそれぞれの教科等の「見方・考え方」を習得し，かつ，習得した「見方・考え方」を活用して，自分の思いや考えを広げる"メタ（高次元）"な学習活動である，と言えます。

　同じ趣旨のことですが，「深い学び」とは「各教科等における『見方・考え方』を総合的（統合的）に活用して，広範（かつ複雑）な事象を多様な角度から俯瞰して捉え，実社会や実生活の文脈や自己の（在り方）生き方と関係付けて問い続けること」（括弧内は高等学校）であると言われ，ここには，各教科での学習を超えたところで，教科で身に付けた「見方・考え方」を活用して，一段と「深い学び」を達成させたいと考えられている，と考えられます。

　1つの整理の仕方ですが，「深い学び」について考えるとき，多くの場合，「教科学習」と，「教科等横断的な視点に立った学習」や「総合的な学習の時間」との間の区別がしっかりついていません。一般的に，「教科学習」の中で「深い学び」が考えられているにすぎないのです。

　私たちは，前章で見てきたごとく，次期学習指導要領が目指している「学校の教育課程」は「教科学習」「教科等横断的な視点に立った学習（教科横断的学習・領域横断的学習）」や「総合的な学習の時間」の3つの学習活動で構成されるものと考えていて，「深い学び」は段階的に"より深い"学びに導かれていくものと解釈しています。『教科学習』の中での「深い学び」は，最後の第Ⅷ章で詳しく見る予定ですが，B. ブ

Ⅴ　教師は，どのような考えに基づいて，「主体的・対話的で深い学び」を捉えるべきか

ルームらの『教育目標の分類学』で言われる"より高い"精神的操作にかかわる「ハイヤーシンキング（高次思考）：分析，総合，評価」に対応する精神的操作でよいかもしれません。

しかし，「教科等横断的な視点に立った学習（教科横断的学習・領域横断的学習）」や「総合的な学習の時間」の中での「深い学び」は，問題解決活動における「メタ認知」・「反省的思考」と深くかかわって理解されるべきではないか，と私たちは考えてきています。したがって，『審議のまとめ』（p.332）で言われる次のステイトメントに納得です。

○探究のプロセスをより一層重視し，これまで以上に学習過程の質的向上を目指すことが求められる。実社会や実生活に即した学習課題について探究的に学ぶ中で，各教科等の特質に応じて育まれる「見方・考え方」を総合的に活用することで，個別の知識や技能は関連付けられて概念化し，能力は実際の活用場面と結び付いて汎用的になり，多様な文脈で使えるものとなることが期待できる。

○特に，「①課題の設定」の場面で課題を自分事として捉えること，「③整理・分析」の場面で俯瞰して捉え内省的に考えるという「探究的な（探究の）見方・考え方」を働かせることが重要である。

経済の高度成長期を迎えた1970年ころから，"クール（かっこいい）"という英語が一般化し，今ではすっかり定着しています。"ディープ（深い）"という英語は1990年ころから使われ始め，感覚的，感情的な意味での深さだったように思いますが，AI（人工知能）を持ったロボットなどが登場してきて，"ディープ・シンキング（深い思考），ディープ・ラーニング（深い学習）"という言葉が今日流行しています。

3 課題（問題）解決学習を一層充実させ，「主体的・対話的で深い学び」が成立する場とする

(1) 課題解決学習と問題解決学習を峻別する

　課題（問題）解決学習を一層充実させ，「主体的・対話的で深い学び」が成立する場とするために，次の4つの点について，授業を改善すべきである，と考えます。これらは私の提案です。

　第1に，課題（タスク）と問題（クエッション）に分けることです。この2つの言葉が戦後今日まで混合して使われてきています。「課題（タスク）」は文字通り「課せられた題」です。言うまでもなく，「課してきた」のは教師です。それに対して，「問題（クエッション／プロブレム）」は「問う題」です。「問う」のは子供たちです。ここにきて，「主体的・対話的で深い学び（アクティブ・ラーニング）」という概念は両者を峻別し，「課題解決学習」から「問題解決学習」へと移動させる方向にエネルギーを注いでくれそうに見えます。すなわち，真に子供たちを「主体的・対話的で深い学び」に誘い込むためには，まず，この2つの言葉を峻別すべきです。

　少し話がそれますが，昭和33年の学習指導要領の改訂を理論的にリードしたのは広岡亮蔵です。広岡はコア・カリキュラム連盟からの脱退に際して，「産業振興と封建遺制の排除」を主張した人物で，今日なお有名な「三層（要素能力，概括能力，態度能力）からなる学力構造」を提示した人物です。第Ⅱ章で示した国立教育政策研究所が作成した図1「コンピテンシー（資質・能力）の構造」（32頁）をよく見てください。広岡の「三層からなる学力構造」に酷似していませんか。

　私も大学院生として履修していた広岡ゼミで，広岡は「課題解決学習

Ⅴ　教師は，どのような考えに基づいて，「主体的・対話的で深い学び」を捉えるべきか

は自分が作った授業方法である」と明言していたことを思い出します。それは，学習者が自らにとって切実で身近な問題を探究する「問題解決学習」ではなく，結局のところ，指導者が学習者に身に付けさせたいと願う「知識」の獲得を目指して，学習者が「発見的に」学習していくように工夫された授業方法なのです。課題とは，文字通り，指導者から学習者に「課せられた題」です。

「主体的・対話的で深い学び」を保障するには，子どもたちが自らにとって切実で身近な問題を探究する「問題解決学習」が必要になるはずです。果たして私たちの指導・学習観をそこまで発展させることができるのでしょうか，気になります。

ここでは，両者を峻別し，なお「教科学習」や「教科等横断的な視点に立った学習」の一部（類型Ａ：教科横断的学習）には「課題解決学習」を用い，片や，「領域横断的な視点に立った学習」の一部（類型Ｂ：領域横断的学習）と「総合的な学習の時間」には「問題解決学習」を採用する方向を提案したいのです。

あらゆる学習について言えることと考えますが，学習の最初のステップ，すなわち，課題（問題）づくりが最も重要です。課題解決学習なら，最初の導入（イントロダクション）で教師は学習者の学習意欲・やる気を高めなければなりません。問題解決学習なら，子供たちの興味・関心から学習課題を創らなくてはなりません。ヨーロッパ諸国やアメリカの学校で広がっている「ウェビング手法」が日本に広がらない大きな理由は，「課題」解決学習がすべての学習法と考えられているからです。「ウェビング手法」は一連のまとまりを持った学習テーマを創り出すばかりではなく，誰があるいはどのグループがどの学習テーマを分担するのか，さらに，利用可能な資料やデータについても検索し，課題解決の「仮説（見通し）」を立てるプロセスも含む手法です。（加藤幸次『総合学習の思想と技術』明治図書，1997年を参照してください。）

(2) ICT時代にふさわしい探究活動を創る

　第2に，授業をICT時代にふさわしい課題（問題）解決学習に変えることです。特に，「対話的で深い学び」が成立する場とするために，ICT時代にふさわしい探究活動を創る必要があります。

　次の章で，今日の多様で豊かな人的・物的学習環境について原理的に述べたいと思いますが，今や，高度情報化社会をむかえて，学校の内外に情報があふれていると言って過言ではありません。学校の図書館には，単行本，参考書，資料集，写真集など印刷教材が豊かにあります。ビデオ，CD，DVDなど視聴覚教材も豊かにあります。もちろん，インターネットを活用して，学校の内外からより広い情報とデータを集めることができます。問題はこうした情報リソースが十分使われていないことです。

　このことは「対話的な学び」にかかわることですので，強調しておきたいのですが，話し合いを重視すると言いながら，ある立場の意見だけを収集しているのが現状のように思われます。上に見たように，「対話的な学び」は"子供同士，子供と教職員，子供と地域の人，互いの知見や考えを伝え合い議論したり協働したりすること"だけでは，十分でないと自覚すべきです。学級の外に出て，相対立する人々からの意見を収集し，総合的な視野で結論を得るべきです。「若い人」の意見を聴いたら，「老人」の意見も聞くべきです。同じように，「所得の高い人」と「低い人」，「男性」と「女性」，「白人」と「有色人」と「黒人」といったように，立場の違う人たちの意見を意図的に収集すべきです。

(3) 意図的に，問題解決活動の中で，「メタ認知力」を育成する

　第3に，課題（問題）解決学習を「認知（課題解決）行為」と「メ

V 教師は,どのような考えに基づいて,「主体的・対話的で深い学び」を捉えるべきか

タ認知(整合性・一貫性確保)行為」の二重構造に捉え直すことです。

上で見てきたように,「主体的な学び」をめぐって,「振り返る」行為が強調されています。国語では,「特に,学習を振り返る際,子供自身が自分の学びや変容を見取り自分の学びを自覚することができ,説明したり評価したりすることができるようにすることが重要である」と言われています。

メタ認知(メタ・リコグニション)とは,学習活動の全体を見通した俯瞰的な反省的思考(リフレクティブ・シンキング)と言えます。すなわち,自分の,あるいは,自分たちの学習活動を意味あるもの,意義あるものにしていくために,常に,学習活動の全体に気を配り,学習活動の進行を図る反省的な行為です。

「メタ」とは高次元という意味です。したがって,「メタ認知」とは認知する行為を高い次元から,第三者的に,鳥瞰的に,眺めているもう1つの認知する行為ということです。そのためには学習活動を二重構造として位置付けることになります。

学習活動は,「課題(問題)づくり」➡「仮説の設定(見通しを立てる)」➡「検証(探究活動)」➡「結論づけ(まとめ)」⇒「残された課題(新しい問題)」というプロセスで進行します。(次頁,図13参照)

もちろん,➡のように一方方向に進行することはむしろまれで,「観察と推論」を繰り返しながら行ったり,戻ったりしながら進行します。これが物事を知るという認知行為です。学習への主体性や創造性を育てるためには,この認知行為を第三者的に,鳥瞰的に眺めている「もう1人のクールな自分」を育てる必要があるのです。

当たり前のことですが,暗闇の中では人は動くことができません。1つの方向から光がさして来れば,その光の方向に人は動いていくことができます。全体が明るければ,どちらの方向に進むべきか,人は考えるに違いないのです。全体が見通せてこそ動き出せるのです。

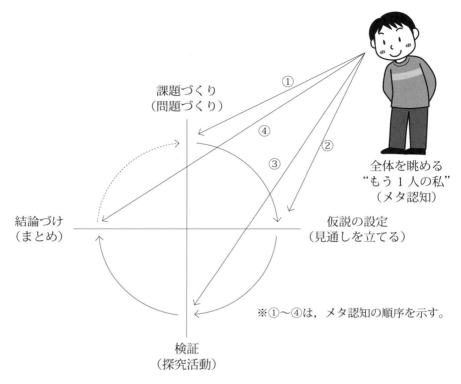

図13　認知行為とその二重構造—全体を眺める"もう1人の私"

　今までの一斉授業では，方向は教師だけが知っているのです。ちなみに，教師は，年間指導計画，単元指導計画を作成し，授業に臨みます。したがって，教師は何を目指して，何を用いて，どんな順序で教えるのか，熟知して指導に当たっているはずです。

　それに対して，子どもたちには，授業の全体像が与えられていません。その時間その時間に，多くのことが教師から小出しにされて，与えられるにすぎません。教師が教室に入ってきて，今日の学習課題を提示して，初めて今日学ぶべき事柄を知るといった状況です。今では，毎回，授業の初めに大きく「今日の目当て（課題）」を黒板に張り出し，子供たち

Ⅴ　教師は、どのような考えに基づいて、「主体的・対話的で深い学び」を捉えるべきか

に斉唱させる教師が多くなってきています。それで「十分」とでも言いたげです。

　たしかに、授業の最後に次時の予告をする教師もいますし、本時の授業の初めに、前時の復習をする教師もいます。こうして授業と授業をつなぐことは、よく行われると言ってよいでしょう。しかし、単元や教科の全体像について、子どもたちに意識的に知らせている教師は、"皆無"です。前もって言っておきますが、詳しくは次の章で説明しますが、私たちは「学習ガイド（手引き）」として、単元の学習活動を始める前に与えるか、授業モデルによっては、子供たち自身が「学習ガイド（手引き）」を創っていきます。なぜ、このことが問題にならないで今までできたのか、とても不思議です。

(4) 残された課題（新しい問題）から再び始まる「単元」に挑戦する

　最後に、戦後わかっていても口に出して言えなかった「単元」の再構成のことです。

　左頁の図13を見てください。学習活動は、「課題（問題）づくり」➡「仮説の設定（見通しを立てる）」➡「検証（探究活動）」➡「結論づけ（まとめ）」⇒「残された課題（新しい問題）」というプロセスをとります。問題は最後のステップのことです。結論やまとめは一定の範疇のもので、残された未解決の課題があるのが常なのですが、それを「新しい問題」として、次の単元にするのが、むしろ、自然でしょう。「問題が問題を呼ぶ」という連鎖した状態が普通です。にもかかわらず、経験主義にくみする人からですら、この提案がなされたことがありません。実に不思議です。もし「主体的・対話的で深い学び」を追究していくのなら、この学習活動の「連鎖」にも注目すべきです。

　言い換えると、なぜ、今日のような"ぶつ切れ"単元構成になってし

まったのか。教科内容の一貫性・系統性を維持するためと言いたいのでしょうが，それは学習者である子供たちの思考の分断を引き起こしている，と認識すべきです。

　現状は，ある1つの単元の学習が予定された時間で終了すると，それで授業は「終わり」です。単元のテストが終わりを告げるサインのようなものです。教師も子供たちも，こうした授業の形に慣れきっていて，疑うことはありません。特に，教科書を構成している「教科単元」と言われる単元はよく研究されていて，予定された時間で終了するようにデザインされているのです。単元の最後の授業で，「まだ，なにか残したことがあるか」とか，「新しい課題に気付いた人はいるか」とか子供たちに聞く教師は見たことも，聞いたこともないのです。子供たちも，「先生，まだ，こんなこともしたい」とか，「こんなことがまだ疑問です」と言ったという話も聞いたことがないのです。

　言い換えると，単元はバラバラ（"ぶつ切れ"）に学習されることになっているのです。教科学習における「課題解決学習」はまだしも，総合的な学習の時間における「問題解決学習」は，ある問題について追究したとして，残された問題について検討し，その残された問題を「新しい単元」として次の学習で展開すべきときに来ているかもしれません。そうすることによって，総合的な学習の時間だけでも，より「深い学び」に導くべきではないか，と考えます。

VI
教師は，どのようにして，「主体的・対話的で深い学び（アクティブ・ラーニング）」を創り出すべきか

・・・・・・・・・・ プロローグ ・・・・・・・・・・

　「カリキュラム・マネジメント」の核心は，間違いなく，教師が「学校の教育課程」に従って，どのような「授業（学習活動）」を実践するかにある，と考えます。したがって，授業で「主体的・対話的で深い学び（アクティブ・ラーニン）」が実現されなければ，「カリキュラム・マネジメント」は意味をなさない，と言って過言ではないでしょう。

　前章で，「主体的・対話的で深い学び」について理解を深めましたが，この章では，日々の授業を「主体的・対話的で深い学び」の場にするために必要な事柄に焦点を当ててみたい，と考えます。学習活動は学習者である子供と学習環境の相互作用の中に生じます。改めて，この原点に返り，検討し，**豊かで，かつ，多様な学習環境を活用して，「主体的・対話的で深い学び」のための組織的基盤を創り出したい**，と考えます。

　ここでは，**学習環境を"人的"と"物的"学習環境に分けて考えていきます。まず，"人的"学習環境の進展についてです。**今や，指導に当たる人は教師たちに加えて，地域のボランティアや専門家です。これらの人が「ティーム・ティーチング」を行ってきています。特に，中・高校では，「協力教授組織」を創り，機能させていくということが重要な課題です。

　次に，"物的"学習環境の充実についてです。今や，教室だけが学習の場ではありません。コンピュータやタブレットの普及には目を見張るものがあります。こうした充実した学習環境を活用して，主体的な学習活動を可能にする「学習ガイド」について紹介していきます。（この章の詳しい内容については，昨年5月に，黎明書房から出版した『アクティブ・ラーニングの考え方・進め方』をぜひ参照してください。）

1 「ティームとしての学校」をどう創り出すか

(1) 研究推進委員会の強化から始める

　「はじめに」でふれたように，家庭や地域との連携・協働は重要ですが，学校長をはじめとした教師たちこそ「カリキュラム・マネジメント」の要です。しかし，当然のことですが，教師たちの経験も，考え方も実に多様です。「多様性こそ創造の源泉である」と捉えて，その多様性を生かし，活用していくことが重要で，それが新しい学校経営の在り方です。学校改革のエネルギーはここにあるのです。どこの世界をとっても，意見や考え方の違いはあります。それこそ，「熟議に熟議を繰り返して」，違いを克服していく過程の中にこそ創造性が潜んでいる，と考えるべきです。

　繰り返しますが，第Ⅲ，Ⅳ章で取り上げた「学校の教育課程」の編成と，前章とこの章の「主体的・対話的で深い学び（アクティブ・ラーニング）」は「教職の専門性」にかかわる事項で，学校と教師の責務です。くどいようですが，どこの世界をとっても，意見や考え方の違いは避けがたいことです。それこそ「熟議に熟議を繰り返して」，進んで行く以外によい方法はありません。

　今では，ほぼどこの学校にも「研究推進委員会」があります。ただ，この委員会が機能しているかどうかは別の話です。日常的に機能しているのは学年部会です。学年部会が学校の中心的組織です。中・高校は教科担任制ですので，学年部会のほかに教科部会がありますが，教科部会はあまり機能しているとは言えないと考えられます。

　職員室の机の配置を見ればわかることですが，学校は学年別に組織されています。校長，教頭・副校長，教務主任で構成する学校管理者のほ

VI 教師は，どのようにして，「主体的・対話的で深い学び」を創り出すべきか

かは，学年（教科）主任をリーダーにして，学年（教科）ごとに，組織されています。学年（教科）主任はその学年の年長者というのが一般的でしょう。この組織は日々の教育実践を行っていくための運営組織と言ってよいでしょう。

しかし，次期学習指導要領が推奨しようとしている「カリキュラム・マネジメント」に対応した，強化した『研究推進委員会』を立ち上げなければなりません。しかも，この委員会のリーダーは，年齢にかかわらず，リーダーシップのある教師でなくてはなりません。この人選が大きな問題であることは言うまでもありません。研究推進委員会は，学校の規模にもよりますが，小学校は各学年から，中・高校は各教科から選ばれた数人の教師で構成します。

この研究推進委員会を3つの分科会に分けて，研究と実践を推進することを考えるとよいでしょう。1つは「指導計画部会」です。「授業計画作成部会」と言ってもよいでしょう。その役割は，前章で述べてき

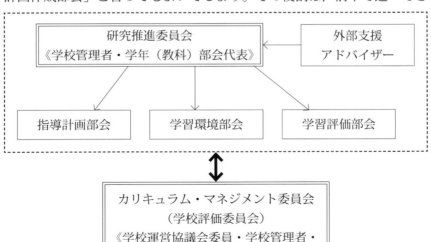

図14　研究推進委員会とカリキュラム・マネジメント委員会

た「主体的・対話的で深い学び（アクティブ・ラーニング）」のための10の授業モデルについて検討し，どのモデルを用いて研究授業を行うかを学年部会や教科部会に対して助言することです。実際の授業のための指導計画の立案について話し合うことになるのですが，従来からの単元指導案や本時の指導案とは大きく違ったものとなります。

　もう1つは「学習環境部会」です。この部会は「アクティブ・ラーニング」を目指した研究授業を，まず，「どこで」行うことにするのか，次に，行う場の「しつらえ」，さらに，この章の3節で詳しく述べる予定ですが，「学習ガイド」をどうするのか，検討しなければなりません。「どこで」という場所のことは，別途，事前に決めておくことになるでしょう。たとえば，小学校の場合，空き教室が6つあれば，それらを「学年学習センター」とし，6つない場合は，視聴覚室やコンピュータ室を加えて，「学年学習センター」とします。中学校では，特別教室を持たない国語，社会，数学，英語の4教科のために「教科センター」を創ることを考えることになります。高校の場合は，教科準備室を含んだ教科教室を「教科センター」とします。

　どの学校にもある図書室，視聴覚室やコンピュータ室の活用も考えてもよいのですが，どうも，ある1つの学年，ある1つの教科が占用するのには抵抗があるようです。しかし，ある単元に限って活用してもよいのではないか，と考えます。

　さらに，次節に見るように，研究する単元を考慮して，これらの場所（センター）をどのように"しつらえる"べきか，この部会で検討することになります。その単元の学習に役立つ印刷教材，視聴覚（AV）教材，操作教材，コンピュータ・ソフトを探してくる必要があります。学習ガイドの作成はそれぞれの学年部会で行うことになるのですが，この部会でも検討することになると考えられます。

　最後の1つは「学習評価部会」です。言うまでもなく，どの単元に

Ⅵ 教師は，どのようにして，「主体的・対話的で深い学び」を創り出すべきか

とっても評価活動は必要ですが，次章で詳しく考えたいのですが，「観点別評価」を計画するとして，いつどのようなデータを集め，どのような観点で評価するべきか，検討します。単に，総括的評価だけでなく，形成的評価も行うべきでしょう。また，次期学習指導要領では「観点別評価」だけでなく，「パフォーマンス評価」や「ポートフォリオ評価」も考えられていますので，これらの評価についても，検討することになります。

最後に付け加えますが，「研究推進委員会」の最大の役割は，学校全体の「主体的・対話的で深い学び（アクティブ・ラーニング）」の実践を積み上げ，よりよい実践としていくために，PDCAサイクルを推進していくことです。このことについても，次章でふれますが，学校全体の研究活動と授業実践を評価し，反省し，次の学年の研究につなげていくことです。言い換えると，研究推進委員会は『カリキュラム・マネジメント委員会』の中心的組織で，「学校評議員」や「学校運営協議会」と密接な関係を築いていかなければなりません。

(2) ティーム・ティーチングが不可欠である

研究推進委員会は，文字通り，学校の研究と実践を推進する中心機関ですが，実際に授業をするのは，小学校では学級担任であり，中・高校では教科担任です。もちろん，学級担任や教科担任以外に，学校にはいろいろな専科教師，司書，事務職員などのスタッフがいます。「チームとしての学校」を実現するには，これらの教職員に加えて，地域のボランティアや専門家の協力を得た「ティーム・ティーチング」体制が不可欠であることは言うまでもありません。

第Ⅳ章で見てきたように，次期学習指導要領が示す教育課程は「教科学習」「教科等横断的な視点に立った学習（教科横断的学習・領域横断的学習）」および「総合的な学習の時間」より構成されることになりま

す。これら3つの学習活動の内,「教科学習」は教師が単独でも授業をしていくことができます。今日でも,各教科は小学校では学級担任が一人で指導しており,中・高校でも教科担任が単独で教えています。しかし,「教科等横断的な視点に立った学習」および「総合的な学習の時間」は,教科の異なる複数の教師がチームを組んで協力して指導するティーム・ティーチングが必須です。

　しかし,多くの教師はチームを組んで協力して指導することを"煩わしい"と感じているのではないでしょうか。近年,少人数指導のための加配教師が一般化してきていますし,英語にはALTが参加してきていますので,チームを組んで協力して指導することへの抵抗はかなり減ってきているのではないかと考えられますが,しかし,次期学習指導要領が目指す指導の基本的な在り方は「ティーム・ティーチング」でしょう。(加藤幸次・河合剛英編著『ティーム・ティーチングの考え方・進め方』黎明書房,1993年を参照してください。)

(3)　「指導計画を作成すること」と「指導すること」を分ける

　ティーム・ティーチングには,次の4つのフェイズ(場面)が考えられます。

　1つは,協力し合って,指導計画を立案することです。

　次の1つは,協力し合って,立案した指導計画に従って授業をするのに必要な教材・教具(学習材・学習具)を収集したり,作成したりすることです。

　次の1つが最も難しいフェイズですが,協力し合って,一緒に指導するということです。

　最後の1つは,協力し合って,評価活動(反省)をするということです。

　これら4つのフェイズを指導計画の立案,教材・教具(学習材・学

Ⅵ 教師は，どのようにして，「主体的・対話的で深い学び」を創り出すべきか

習具）の収集および評価活動（反省）という「指導計画を作成すること」と，実際に協力し合って，一緒に「指導すること」を分けて考えることが，実践的でかつ重要です。なぜなら，1つは，上に述べたように，次期学習指導要領は，各学校に「学校の教育課程」を積極的に編成することを求めている，と考えられるからです。従来以上に，学校は「学校の教育課程」の編成に向かって，"ティーム" として立ち向かうことになる，と考えられるからです。もう1つは，「指導すること」は一般的に言われるように "煩わしさ" が伴いますし，実際，中・高校では，複数の教師を同じ時間帯に位置付けることはとても "難しい" ことだからです。それぞれの教師にはそれぞれ違った教え方があって，それを尊重すべきで，それを抑えて他の教師と協働することは教師の主体性を損ねるものと捉えられてきた，と考えられます。また，特に，教科担任をとる中・高校では，ティーム・ティーチングに合わせた「時間割」を組むことがほとんどできない，と考えられるからです。

(4) 特に，中・高校でのティーム・ティーチングについて考える

小学校は学級担任制をとっているので，「学年ティーム」による協力教授体制がとりやすく，一般的です。また，近年，小規模学校が増加してきているので，「2学年ティーム」を組むことも考えられます。不思議なことに，めったに実践されていないのですが，現行学習指導要領は2年幅で教科指導をすることを推奨しているのですから，「低学年，中学年，高学年ティーム」を組んで指導に当たることがもっと見られてもよいように思われます。

他方，中・高校におけるティーム・ティーチングですが，次の3つの学習活動について考えてみたいのです。しかし，結論から言いますと，中・高校におけるティーム・ティーチングは，上で述べたように複数の教師が同じ時間帯で一緒に「指導すること」は，極めてむずかしく，結

局のところ，協働して「指導計画を作成すること」に力点を置いたティーム・ティーチングになると考えられます。

1) 教科学習のための「**教科**」ティーム・ティーチング

　教科担任制を敷く中・高校は「**教科**」ティーム・ティーチングが基本的な形です。実はおかしなことですが，国語，社会，数学，英語といった"基礎教科"には教科教室や教科準備室がありません。それに対して，理科には実験があるという理由から教科教室や教科準備室があります。高校では，化学，物理，生物と分野ごとにあります。音楽，美術，体育は実習・実技のある，あるいは，騒音が出るという理由から教科教室や教科準備室があります。したがって，これら特別な教科には，教科ごとに「居場所」があり，ティームであるという感覚が醸成されやすいと言えます。教師たちが協働する場所があり，「指導計画を作成すること」というティーム・ティーチングなら，いつでも組むことができるはずです。問題はそうした時間が取れるかどうか，ということです。一方，国語，社会，数学，英語といった"基礎教科"には，教科のための場所はないけれど，その気になれば，「指導計画を作成すること」に力点を置いたティーム・ティーチングはむずかしいことではありません。

　中・高校におけるティーム・ティーチングは，一般的に，英語の授業にALTが入ったり，数学の時間に少人数指導の加配教師が入るような「1クラス2人教師」というティーム・ティーチングという形になります。しかし，同じ教科の複数の教師が同じ時間帯に2つのクラスを一緒に指導する「2クラス2人教師」となると，極めてむずかしいのです。端的に言って，現状では，時間割が組めないのです。

　アメリカのハイ・スクール（第9学年から第12学年の4年間）やイギリスのセカンダリー・スクール（第6学年から第10学年の5年間）では，学校の規模にもよりますが，一般的に言って，国語，数学，外国語では，学年の学級数と同じか，それ以上の人数の教師がいます。し

Ⅵ 教師は，どのようにして，「主体的・対話的で深い学び」を創り出すべきか

がって，たとえば，毎日，第1学年の第1校時の授業はどの学級も数学という時間割を組むことができます。第2学年の第1校時の授業は国語，第3学年の第1校時の授業は外国語と組むことができます。したがって，学年ごとに「能力別学級」や「進路別学級」編成ができるのです。欧米の中・高校におけるティーム・ティーチングは多様で柔軟です。

2)「教科等横断的な視点に立った学習」のための異教科ティーム・ティーチング

第Ⅳ章で見てきたごとく，次期学習指導要領の目指す教育課程が「教科等横断的な視点に立った学習（教科横断的学習・領域横断的学習）」および「総合的な学習の時間」を強調するとなると，異教科でチームを組んで指導に当たることが極めて重要な要件になるはずです。もちろん，ここでも，異教科の教師が一緒になって「指導すること」のティーム・ティーチングは部分的に行われても，やはり，「指導計画を作成すること」で協力することになるでしょう。

考えられる現実的な異教科ティーム・ティーチングは「関連的指導」です。小学校の例でしたが，第Ⅳ章の3節で見たように，異教科の学習内容ですが，「関連的に指導したほうが効率的である」と考えられる内容を取り出し，「関連的指導」をすることです。たとえば，繰り返し述べてきたように，理数科と言われるように，理科と数学の間にはそうした学習内容が多く考えられるはずです。また，国語と社会，国語と理科の間にも，さらに，国語と英語，社会と家庭・美術などの間に「関連的に指導したほうが効率的である」単元が多く見られるはずです。言い換えると，第Ⅲ章で見てきたように，各学校が「関連（相関）カリキュラム」を意識していくとき，異教科ティーム・ティーチングが現実のものとなっていくでしょう。

「関連（相関）カリキュラム」には，2つの在り方が考えられます。

1つは子供たちに「この教科のこの単元とあの教科のこの単元は関連

している」と事前にしっかり意識させる『単元間関連表』をつくり，渡す方法です。

　もう1つは，可能な単元は「同じ時期」に移動させ，関連を意識して指導することです。もちろん，国語と社会と美術など3つの教科の内容に関連がある単元を創り出すこともできます。

3）総合的学習のための「全学年・全学校」ティーム・ティーチング

　総合的な学習の時間は次期学習指導要領のもう1つの要になる学習活動です。中学校でも，高校入試にかかわらない学習活動ということで，実践がおろそかになっていると考えられます。『審議のまとめ』(p.326)は，高等学校にその傾向が高いと指摘しています。総合的な学習の時間のためには，「全学年・全学校」ティーム・ティーチングが行われることになります。全学年ティーム・ティーチングは，学年行事がよい事例ですが，その学年に属する教師が一緒になって指導計画を立案し，指導にあたる在り方です。全学校ティーム・ティーチングとは，運動会がよい事例ですが，全教職員が一緒になって指導にあたる在り方です。

2　豊かで多様な"人的"，"物的"学習環境を活用する

⑴　"マン・トゥ・マン"システムから"マン・トゥ・エンバイロメント"システムへ

　子供たちが活動的に，能動的に学習課題に挑戦することのできる「アクティブ・ラーニング（主体的・対話的で深い学び）」を創るためには，まず，既存の「教師が子供もたちを教える」システムについて根本的に問い直すべきです。大きな視点で見れば，次期学習指導要領の目指す方

VI 教師は、どのようにして、「主体的・対話的で深い学び」を創り出すべきか

向は教師が「教える教育」から子供が「学ぶ教育」への転換です。

　教育とは、コメニュウス以来の近代学校制度では、教師が子供たちを指導することと考えられてきました。当然すぎるほど当然の話です。教師とは、文字通り、「教える師」です。英語でも、ティーチする人です。この伝統的な在り方を「マン・トゥ・マン（人間対人間）」システムと名付けておきます。もちろん、最初のマンは教師で、後のマンは子供たちです。

　改めて言うまでもなく、伝統的な一斉授業はこの「マン・トゥ・マン」システムの典型的な事例です。そこでは、教師という「人的学習環境」が"すべて"と言ってもよいのです。教師がすべてをコントロールしていると言えるのです。すなわち、教師の指示のもとに、すべてが進行していきます。一体、教師の指示を受けなければ一切行動を起こせない状況の中で、どのようにして、学習を能動的（アクティブ）にできるのでしょうか。誰一人として、このことを言い出さない現状はとても不思議です。

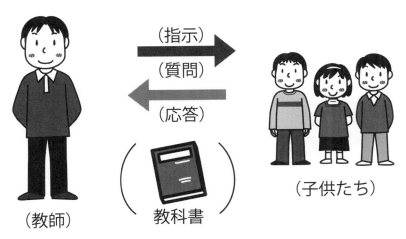

図15　「マン・トゥ・マン」システム
（Man-to-Man system）

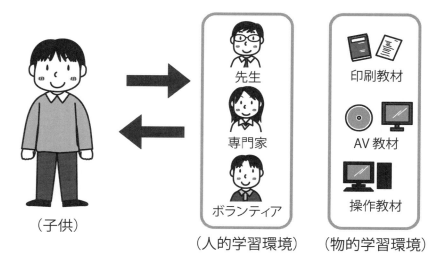

図16 「マン・トゥ・エンバイロメント」システム
（Man-to-Environment system）

　今日必要なことは，子供たちが活動的に，能動的に学習活動を展開し，自らの力で，主体的に能動的に（アクティブ）学習していく（ラーニング）ことのできるシステムを構築していくことです。
　そうした学習システムを「マン・トゥ・エンバイロメント（人間対環境）」システムと名付けておきたいと思います。ここでのマンは子供たちで，エンバイロメントは学習環境のことです。
　ここでは，子供たちは多様で，豊かな学習材で構成される「学習環境」と相互作用を繰り返しながら，学習活動を展開していくのです。すなわち，子供たちは学習課題の解決を目指して，主体的・対話的で深い学びを展開していくことを期待したいのです。次の章の最後で述べますが，高度情報化社会にふさわしい学習活動を「ウィキペディア学習」とすると，それは多様で，豊かな学習材で構成される「学習環境」の中でこそ展開される学習活動です。

Ⅵ　教師は，どのようにして，「主体的・対話的で深い学び」を創り出すべきか

(2)　「学習センター」「教科センター」を創る

　どの学校にも，図書室，特別教室，「空き教室」があります。しかし，これらの施設は，特に小学校では，ほとんど，使われていないのが現状です。"新しい酒は新しい革袋に盛れ"の諺に従うならば，これらの施設を"新しい革袋"にしたいのです。図書室や視聴覚室やコンピュータ室を「学習センター」「教科センター」に仕立てたいのです。

　1984年，当時の文部省が「多目的（オープン）スペース」に補助金を支出するようになって以来，多目的スペースを持った学校，特に，小学校は急激に増加し，今日では，10校に1校は多目的スペースを持った学校です。一般的な形状は「廊下拡張型」で，文字通り，教室の前の廊下部分を広くとって，オープン・スペースとしているものです。本格的な形状は小学校では「学習センター型」で，中学校では「教科教室型」です。前者は校舎の中心部に「多目的ホール」あるいは各学年フロアに「学習センター」を設け，教室をその周辺に配置するというものです。いわゆる経済の"バブル期"には，いくつか建てられましたが近年はあまり建てられません。後者はすべての教科に教科の「学習センター」を持たせた中学校です。多くはありませんが，近年増えてきています。

(3)　「やる気・学習意欲を喚起する学習環境」をしつらえる

　こうした「学習センター」や「教科センター」に豊かで多様な学習環境を設置し，子供たちを学習活動に駆り立たせるように創意工夫すべきです。1つは子供たちを学習活動に「誘い込む」工夫です。もう1つは，子供たちの学習活動を「促進する」工夫です。したがって，学習環境には「間接的・直接的」という2重の構造を持たせたいのです。

　中学校や高等学校で言えば，たとえば，英語科での場合，英語の教科センターにこれから学ぶ単元に係る写真などの展示物，会話のビデオを

見たり，聞いたりするブース，学習活動に必要な教材・教具などで構成するとよいでしょう。さらに，そこに行けば，英語で話す人たちがいて，英語が聞こえてくる雰囲気があるともっとよいでしょう。

(4)　「学習活動を促進する学習環境」を用意する

　率直に言えば，現状のように「教科書（を）教える」ためなら，整理整頓された教室に　黒板とチョークがあれば，十分でしょう。もちろん，教科書の内容をより丁寧に詳しく説明した「教科書教材」があれば，さらに教えやすいでしょう。

　近年，「教材・教具（学習材・学習具）」は実に多様で豊かになってきました。印刷教材は資料集，参考書，ブックレット，新聞，パンフレットなど，図書室に多く置かれるようになりました。視聴覚教材も，コンセプト・フィルム，CD，DVD など豊かになってきました。ゲームなどの操作教材も使えるようになってきました。

　ここで考えたいことは，これら多様で豊かになった教材・教具（学習材・学習具）を活用して，子どもたちが活動的に，能動的に学習することを期待する「アクティブ・ラーニング（主体的・対話的で深い学び）」のための学習環境を創り出すことです。そのためには，「教材」という概念を「学習材」という概念に置き換える必要があるということです。教師が教科書を教えるための「教材」は教師が教科書の内容を教えるための「材」と捉えられます。それに対して，子供たちが学習活動に用いる「学習材」に変える必要があるということです。

　このコンセプトの転換は極めて革新的です。なぜなら，教師が教えるために使う「教材」は教師の視点で開発されます。教科書教材はまさに教師が教えやすいようにできているのです。しかし，「学習材」は子供たちの学びという視点より開発され，子供たちが学習活動に使うものです。

Ⅵ 教師は，どのようにして，「主体的・対話的で深い学び」を創り出すべきか

　そもそも，子供たちが手にしている教科書は，教師が介在して使える代物で，「学習材」ではありません。同じことが参考書や資料集についても言えます。漢字にルビがふられているとか，説明が少しやさしくなっている程度です。改めて，子供たちの学びという視点から創り変えられるべきです。（加藤幸次編著『学習環境の整備』国立教育会館，1995年を参照してください。）

(5)　コンピュータ，タブレット端末機は不可欠なツールである

　誰の目から見ても，コンピュータやタブレット端末機は探究活動のためのツールです。しかし，学校は子供たちが有害な情報に接するのを恐れて，あるいは，目に悪いという健康上の理由からコンピュータやタブレット端末機を使用するのをよしとしていないのです。実は，子供たちにコンピュータやタブレット端末機を使わせると，"遊んでしまう"，あるいは"コントロールできなくなる"と恐れているのです。しかし，検索に検索を重ね必要な情報を手に入れるには，またとないツールです。また，情報を整理したり，友だちと情報を交換したりするのに都合のよいツールです。

　少なくとも，小学校高学年から中・高校では，むしろ，積極的に使わせるべきです。「対話的な学び」とは，友だちや教師やボランティアなどの直接接する人々との話し合いだけでなく，ネットを通して専門家などと話し合うことから学ぶことでもあるのです。繰り返しますが，偏った情報は危険です。たとえば，年長者とともに若い人，男性とともに女性，都会の人とともに田舎の人などから意見をいただく中で，自分の考えを深めていくべきです。

　ICTの活用というと，デジタル教科書ということだけが考えられている昨今ですが，「アクティブ・ラーニング（主体的・対話的で深い学び）」という観点から考えるべきでしょう。

3 「学習ガイド」が「主体的・対話的で深い学び」を保障する

(1) "メタ認知"を育てる「学習ガイド」を創る

　前章の3節で見てきたように、"メタ認知"とは問題解決学習の全体のプロセス（認知行為）を高次元から俯瞰する、もう1つの"認知行為"です。自力で課題解決をする自分を、もう1つ上の位置から見ている"もう1人の自分"の存在を意識することです。

　従来からの指導の在り方を見てみると、教師は指示と発問を通して子どもたちの学習活動を組織していきます。しかし、そこでは、学習課題が「小出し」にされていて、子どもたちにとって、学習活動の全体像がはっきり見えていないのです。全体像のはっきりしない状態では自ら主体的、能動的には動けないのが道理です。航海図を持たずに船を動かすことはできません。

　教師のほうは年間指導計画、単元指導計画に基づいて「授業案」があり、本時のねらい、学習活動の流れ、指導の留意点を理解したうえで、授業に臨んでいるのです。しかし、子供たちは、授業の初めになって、初めて今日のねらいを知らされるという状況です。しかも、ねらいを実現するための手立てについても、教師の指示を受けてわかるという状況です。すなわち、子供たちは、教師の指示と発問を受けて、一つひとつ学習課題に挑戦していくという、極めて受け身的な存在にすぎません。

　私たちは「教科学習」や「総合的な学習の時間」には「学習ガイド（手引き）」を用意して、子供たちに、単元の学習活動の全体像を授業の開始時に与えようとしてきました。「学習ガイド（手引き）」に、まず、1) 単元のねらいです。次に、2) 単元に許されている学習時間、3) 学習

Ⅵ　教師は，どのようにして，「主体的・対話的で深い学び」を創り出すべきか

活動の流れと学習課題，4）用いることができる情報やデータ，学習材・学習具，最後に，5）時間調整を兼ねた発展的課題，6）まとめや発表など全体像が一目でわかるように示します。授業の最初の時間に，「学習ガイド」を読み，全体像を捉えさせ，メタ認知を育むのです。

(2) 2つの事例を通して「学習ガイド（手引き）」を説明する

次頁の図17は小学校5年の理科「音」の単元のための「学習のてびき」です。初めに，単元の目標があり，9時間単元です。次に，共通課題は1，2，3の3つのサブ課題になっていますが，これらの課題を学習するとき，「教科書，理科ノート，VTR，学習カード，解答カード，資料カード，ヒントカード」を使います。最後の4は発展学習になっていて，この学習には冊子が用意されています。

次々頁の図18は中学校3年の数学「二次方程式」のための「学習ガイド」です。初めに，学習の目的，学習の進め方があり，9時間単元です。次に，学習の進め方の中身ですが，第1，2校時は学級全員での導入活動です。それに続く第3～9校時の計7校時は，3つのコースから1つを選んで行う「課題選択学習」です。第6，9校時が終わったところでチェックテストを受けることになっています。このガイドには書いてありませんが，『学習パッケージ』が用意されています。なお，『学習パッケージ』については，姉妹編である『アクティブ・ラーニングの考え方・進め方』（黎明書房，p.136～140）を参照してください。

(3) 総合的な学習は「契約学習カード」で学習をすすめる

他方で，私たちは「総合的な学習の時間」には「契約学習シート」を用意し，子供たちに学習活動そのものをデザインさせてきました。総合的な学習は子供たちが課題を自ら見つけ，自分の力で解決することを目的としています。何について学習するのか，どのように学習するのか，

学習のてびき（5年　理科「音」）

── この「てびき」の目標 ──
1．音の伝わり方や強弱と振動の関係を理解することができる。
2．音の反射，吸収をくふうして調べることができる。
3．音の性質を利用しておもちゃを作ったり生活の中に生かそうとしたりすることができる。

標準時間　400分（9時間）

|0|　"音調べ"をしましょう。耳をすましてみてください。いろんな音が聞こえますね。となりの教室の声。廊下をあるく足の音。運動場からのスピーカーの音。今から先生が見えるところと見えないところで「たいこ」を強く，また，弱くたたきます。よく聞いて，「資料カード」(1)に答えてください。さあ，始めます。

		カード	教科書	理科ノート	
1	たいこの音の出方，伝わり方を調べて音はどのようにしてわたしの耳に聞こえてくるのか調べよう。	学習カード1 解答カード1	P.34〜40	P.86〜89	VTR1 資料カード(2)
▶できた人は理科ノートにまとめよう。					
2	音がはねかえったり，進む方向がかわったりすることについて調べよう。	ヒントカード	P.41〜43	P.90〜91	
3	弱い音や強い音の出方のちがいについて調べよう。	学習カード2 解答カード2	P.44〜45	P.92〜93	VTR2
▶理科ノートを先生に提出しよう。					
── ここまでは全員通過するようにがんばりましょう。					
4	「音」の単元で学習したことをもとに「音をだすもの，伝えるもの，音を集めるもの」を読んでみよう。				作品例冊子

図17　小学校5年　理科「学習のてびき（学習ガイド）」

Ⅵ 教師は，どのようにして，「主体的・対話的で深い学び」を創り出すべきか

学習ガイド（3年　数学「二次方程式」）　9時間

学習の目的	二次方程式を知る ↓ 解き方に習熟する ↓ 問題解決に活用する	※簡単な二次方程式やその解法を理解し，二次方程式を用いて実際の問題を解決できるようにする。		
学習の進め方	学習内容の確認 ↓ 学習計画の作成 ↓ 学習・自己評価　← ↓ チェックテスト ↓ 復習　→　発展	○この単元では，学習内容を確認した後，自分で計画した方法で学習をすすめる。 ○毎時間，学習内容をカードに記入し，計画変更も自由である。 ○学習の進め方も，次のように自由である。 ・教科書を中心に進める。 ・リーフを使いながら学習する。 ・プリントを使い，1，2年の復習をふくめて学習する。 ○個人，グループで集まるなど，ワークスペースを自由に利用してよい。		
学習計画を立てるために	時	標準的な学習進度	ゆっくり学習したい人の進度	発展学習を考えた進度
	1 2	二次方程式とその解，二次方程式を解くことの意味を理解し，簡単な二次方程式を解くことができる。（一斉学習） 　　　　　　　　チェックテスト後パッケージ学習の計画		
	3 4 5 6	いろいろな二次方程式の解き方を考え，因数分解による解き方の練習に習熟する。	基本的な二次方程式の解き方に習熟し，因数分解による二次方程式の解法について学習する。	二次方程式をいろいろな方法で解くとともに，二次方程式の解の公式を導く。
		チェックテスト実施（習熟度に合わせ，次時からの学習計画を立てる）		
	7 8 9	教科書やリーフにある問題を，二次方程式を利用して解く。	教科書，リーフにある基本的な問題を，二次方程式を利用して解く。	文章題から二次方程式を導き，問題を解決する。
		チェックテストを実施，この単元で学習した内容を自己評価する		
備考	○教科書の問題は，いつでも答え合わせします。 ○教科書とリーフとを関連づけて学習すること。 ○人に教えることも自分の学習に結びつきます。友だちに説明することで，自分の知識もより確かなものになります。			

図18　中学校3年　数学「学習ガイド」

子どもたちが決め，教師の承認を得て，学習するのです。そのために自ら「契約学習シート」を完成させます。子供たちは，一人であるいは小グループで，「契約学習シート」を完成さる活動の中でメタ認知力を育てていくことになります。

たとえば，①「学習課題」あるいは「学習テーマ」の項は，教師によって示された学習目標を勘案して，その目標を達成するのにふさわしいと考える「学習課題」あるいは「学習テーマ」を書き込むことになります。

次に，②「学習のねらい」あるいは「選んだ理由」，③「学習活動の展開」あるいは「学習計画」，⑤「予想される成果」あるいは「まとめ方」について，自分が設定した学習課題を達成することを目指して，書き込んでいきます。その上で，④「先生からのアドバイス」や「教師の承諾」を得て，契約を交わすことになります。

第Ⅲ章の4節で述べたように，課題づくりにはウェビング手法が極めて有効です。最初の段階でウェビングをすることによって，①，②，③，④，⑤について考えることができ，学習課題の意義と広がりを自覚することができるのです。

この契約学習は一人学習にこだわることはありません。友だちと2人，3人で協力して学習するのも楽しいことでしょう。小グループを作って協働して学習するのも意義のあることです。

```
学習活動名
                              月    日
 ＿＿＿＿学級    氏名＿＿＿＿＿＿＿＿
① 学習課題

② 学習のねらい


③ 学習活動の展開（時間配分，資料，場
   所など）




④ 先生からのアドバイス（先生の認印）

⑤ 予想される成果

⑥ 完了予定日      月     日
```

図19　契約学習シート

Ⅶ
教師は，どのようにして，子供一人ひとりの発達・成長を支援するべきか

・・・・・・・・・・・プロローグ・・・・・・・・・・・

　この章では，改めて，「子供一人ひとりの発達・成長」という視点に焦点を当てて考えていきます。「カリキュラム・マネジメント」に"子供一人ひとりの発達・成長"という項目が加わったことは，それ自体，極めて革新的なことと言わざるを得ないのです。学校での教育活動は"一人ひとりの子供"に成果をもたらすものでなくてはなりません。至極当然のことにもかかわらず，今までの学校教育は「一人ひとりの子供」ではなく，集団としての「学級」への対応に固執してきたのです。

　日本の人口が，昨年度，歴史上初めて減少しました。少子化の流れはどうしても止めようがないかもしれません。蛇足ですが，すべての子供は日本の未来を支える貴重な人材です。親にとっては唯一無二の存在です。

　義務教育である小・中学校のカリキュラム（教育課程）に一定の共通性を持たせることは理解できるとしても，今後，さらに，多様化・個性化されるべきでしょう。「共通性の確保」と「多様性への対応」という概念を導入する必要が，やがて，間違いなく，やってくるでしょう。

　日々の授業は，"子供一人ひとりの発達・成長"という視点から全面的に，改革すべきです。 第Ⅴ章で述べておいた多様な「10の授業モデル」は私たちの提案です。それぞれのモデルの中で，きめ細かな「個に応じた指導」が徹底されるべきです。コンピュータやタブレット端末機は本来個別学習機器です。一斉授業用提示器ではありません。

　"個別化・個性化教育"についてはたくさんの著書を出してきていますので，この章では2つのこと，すなわち，1つは，理解することは「薄明の世界」に挑むことであり，もう1つは，「共有と共同による創造活動（ウィキペディア学習）」を創る，ということだけ追加しておきます。

1 特別支援教育，生徒指導，キャリア教育，日本語教育も視野に入れる

(1) すべての教育領域で，子供一人ひとりの発達・成長を目指して指導する

今までの章と同じように，まずは，『次期学習指導要領等に向けたこれまでの審議のまとめ』（以下，『審議のまとめ』）の言うところから始めます。次のように言われています。(p.50)

> ○ 資質・能力の育成に当たっては，子供一人一人の興味や関心，発達や学習の課題等を踏まえ，それぞれの個性に応じた学びを引き出し，一人一人の資質・能力を高めていくことが重要となる。各学校が行う進路指導や生徒指導，学習指導等についても，子供たちの一人一人の発達を支え，資質・能力を育成するという観点からその意義を捉え直し，充実を図っていくことが必要になる。
> ○ また，個々の子供の発達課題や教育的ニーズをきめ細かに支えるという視点から，特別支援教育や，日本語の能力に応じた支援等についても，教育課程や各教科等の関係性を明確にしながら，充実を図っていくことが求められている。
> ○ なお，子供たちの発達を支えるためには，児童生徒の発達の特性や教育活動の特性を踏まえて，予め適切な時期・場面において，主に集団の場面で必要な指導・援助を行うガイダンスと，個々の児童生徒が抱える課題に対して，その課題を受け止めながら，主に個別指導により解決に向けて指導・援助するカウンセリングを，それぞれ充実させていくという視点が必要である。

Ⅶ 教師は，どのようにして，子供一人ひとりの発達・成長を支援するべきか

確かに，私たちのグループについても言えることですが，「個に応じた指導」という概念はもっぱら学習指導の場面で考えられてきた，と言ってよいでしょう。特に，前々章と前章で見て来たように，「主体的・対話的で深い学び」に関しても，関心はもっぱら学習指導にあったと言ってよいでしょう。学習指導は従来から学級集団を対象としてなされてきていて，そうした集団指導の中にあって，私たちはいかに子供一人ひとりの学びを保障するかということに関心を注いできたのです。

それに対して，生徒指導や進路指導は，もっぱら，個別になされる教育活動と捉えられてきた，と言ってよいでしょう。学級担任も，カウンセラーも，子供一人ひとりを対象として対応してきたのですが，こうした個別対応の指導においても，さらに一層，一人ひとりの教育的ニーズに応じた個別指導の充実が望まれることは言うまでもありません。

(2) 「個に応じた指導」をさらに一層重視する

さらに，『審議のまとめ』(p.53～54) は特別支援教育，進路指導や生徒指導，日本語教育といった教育活動に加えて，以前から強調されてきている学習指導の領域における子供一人ひとりの学習活動に焦点を当てた「個に応じた指導」をさらに一層重視する，と強調しています。

○ 児童生徒一人一人の可能性を最大限に伸ばし，社会をよりよく生きる資質・能力を育成する観点から，児童生徒の実態に応じた指導方法や指導体制の工夫改善を通じて，個に応じた指導を推進する必要がある。特に，次期学習指導要領等では，一人一人の発達や成長をつなぐ視点で資質・能力を育成していくことが重要であり，学習内容を確実に身に付ける観点から，個に応じた指導を一層重視する必要がある。

○ 特に，授業が分からないという悩みを抱えた児童生徒への指導

> に当たっては，個別の学習支援や学習相談を通じて，自分にふさわしい学び方や学習方法を身に付け，主体的に学習が進められるようにすることが重要である。
> ○　また，基礎的・基本的な知識・技能の習得が重要であることは言うまでもないが，思考力・判断力・表現力等や学びに向かう力等こそ，家庭の経済事情など，子供を取り巻く環境を背景とした差が生まれやすい能力であるとの指摘もあることに留意が必要である。一人一人の課題に応じた「主体的・対話的で深い学び」を実現し，学びの動機付けや幅広い資質・能力の育成に向けた効果的な取組を展開していくことによって，学校教育が個々の家庭の経済事情等に左右されることなく，子供たちに必要な力を育んでいくことが求められる。その際，教職員定数の充実などの指導体制の確立やICT環境などの教育インフラの充実など必要な条件整備が重要であることは言うまでもない。

　改めて，学習指導における「個に応じた指導」の重要性を指摘しているのですが，「特に，授業が分からないという悩みを抱えた子供への指導」を強調している点は重要です。いわゆる"落ちこぼれ"と言われてきている子供に対する指導に，今後，さらに努力していくべきであると言っているのです。さらに，資質・能力の「3つの柱」をめぐって，特に，「未来の状況にも対応できる『思考力・判断力・表現力等』（汎用的スキル）」や，「学びを人生や社会に生かそうとする『学びに向かう力・人間性等』（社会的スキル）」の形成が，個々の子供を取り囲む家庭の経済事情等に左右されることに憂慮していることは注目に値することです。家庭の経済格差が子供の学力格差に影響を及ぼしているというわけです。明らかに，「個に応じた指導」は新しい段階に入りつつある，と考えられます。

Ⅶ　教師は，どのようにして，子供一人ひとりの発達・成長を支援するべきか

2　一人ひとり，体験活動の中で「言葉の力」を借りて，「薄明の世界」を探索させ，「自分の世界」を創らせたい

(1)　私たちは「学習スタイル」に応じた指導を確立しようとしてきた

　ここでは，子供一人ひとりの発達・成長をめぐって，２つの点にだけ絞って，考えたいのです。その１つが，個々の学習者が秘めている「薄明の世界」を「自分なりの世界」に向かって拡張していくプロセスこそ，理解することの原点である，ということです。

　私と私のグループは，約 40 年前，「指導の個別化・学習の個性化」という原理を立てて，主に，当時建てられつつあった「オープン・スペース」を持った学校で研究と実践を始めました。1980 年から 2000 年の 20 年間が最も充実した時代ではなかったか，と思っています。当時，私たちの研究会（日本個性化教育学会）には，全国の 100 校を超える学校と 850 人近い先生方が属していました。

　「指導の個別化」という原理は，教師が行う「指導」を一人ひとりの子供の「学習スタイル」に応じて，個別化するものです。学習スタイルは「学習適性」とも言われますが，私たちはこれに「個人差」という言葉を与えました。個人差は「学力（到達度），学習時間，学習適性，興味・関心，生活経験」という５つの視点から捉え，"一人ひとりの子供"に応じて処遇しようとしてきました。第Ⅲ章で述べた「教科学習」の領域に，第Ⅴ章で述べた「多様な授業形態」のうち，第１から第７の授業モデルを教科の特性に応じて活用し，その枠組みの中で５つの個人差を処遇してきました。

　平成元年（1989 年）の学習指導要領の改訂で，生活科が導入された

のに応じて，また，昭和52年（1977年）からあった小学校の特別活動（4〜6年は週2時間）および昭和44年（1969年）からあった中学校の選択教科（週4時間，昭和52年から週3〜4時間）の時間に，「学習の個性化」という原理を加えて，対応しました。「学習」とあるように，教師の指導に力点を置くのではなく，子供の学習に焦点を当てて，子供の個性を伸長させようとしてきました。具体的には，第3から10の授業モデルを活用して，学習時間や学習適性を処遇し，特に，子供一人ひとりの「興味・関心」に応じようとしてきました。（加藤幸次著『個別化教育入門』教育開発研究所，1982年に詳しい。）

　多くの批判や非難をいただきましたが，主たる批判は，私と私のグループは「授業の形態（形）」にこだわっていて，学習活動の中で子供が教材（知識）とどう取り組み，どう内面化し，変容していったか，という指導・学習の本質にふれていないというものでした。

　私は，1968年から1972年，アメリカに留学していて，当時，インフォーマル教育，オープン教育あるいは個別化教育が極めて盛んで，当時の教育実践は1人の教師が教室という空間で30人近い子供の指導に当たるという伝統的な一斉授業とは大きく違ったものでした。後半の2年間は，図書室を中心として周りに教室がしつらえてある小学校で実践に加わりました。「形式が内容を規定する」とはまさに正しく，そこで見た教師の指導の在り方は子供の「学習スタイル」を処遇し，学習の支援に当たるというものでしたし，教材・教具は子供が使う「学習材・学習具」に代わっていましたし，教師は教師助手，教育実習生，ボランティアとチームを組んでティーム・ティーチングを行っているものでした。私は，こうした学校教育の新しい「授業の形態（形）」に大いに啓発されたことは間違いありません。

　さらに言えば，帰国して，オープン・スクールで「個に応じた指導」を実践しようと試みたとき，「形式が内容を規定する」という日本人に

Ⅶ　教師は，どのようにして，子供一人ひとりの発達・成長を支援するべきか

なじんだ原理に従ったほうが，"わかりやすく，かつ，やりやすい"と考えたからです。

(2) 子供は一人ひとり固有の「内的系統性」に従って理解していく

　明治時代以後，富国強兵策のもと，西洋の科学技術に「追いつき・追い越せ」を国是としてきた日本の学校教育は西洋の科学技術の持つ知識・技能を国民全員に効率よく伝授する場と化してきました。1人の教師が教室という空間で50人近い子供の指導に当たるという一斉授業は知識・技能を伝授するのに最も効率的なシステムに違いないのです。すべては教師の力量次第ですが，日本の教師は優れた力量の持ち主でした。

　戦後になって，富国強兵策は「富国強"商"策」に変化し，今日に至っていると言ってよいでしょう。国を豊かにするには，"商売""ものづくり"を強化しようというわけです。学校での"コア・カリキュラム"は数学，科学，テクノロジー，語学というわけです。確かに，今や「追いつき・追い越せ」ではなく，「最先端を目指せ」というものですが，そのために，むしろ，教師の指導を強化し，既存の知識技能の効率的な伝授が目指されている，と言ってよいでしょう。

　次期学習指導要領の改訂は，最先端を目指すためには，既存の知識技能の効率的な伝授という指導法ではなく，創造性・革新性を育むという指導法に変えていかなくてはならないと気付いた結果でしょう。「創造性・革新性を育む」というとてつもない難題に今日直面している，と自覚すべきです。しかも，この創造性・革新性の中にこそ，予測することが困難な未来を生きる「生きる力」を育むという"難題中の難題"に挑むエネルギーが含まれているのです。

　既存の知識技能の効率的な伝授という指導法は，私が知識の「外的系統性」と呼んでいる「系統化された教科内容」の理解を重視しているも

のです。当然，学習評価は「系統化された教科内容の理解」をめぐってなされていきます。今日，この在り方に反省を加えるときに来ていると考えるべきです。言い換えると，人間の理解の仕方やその結果として所有している知識も，人によって"それぞれ大いに違うもの"という前提で考えるべきです。今では，こうして得られた知識を特別に「個人の知識（パーソナル・ノレッジ）」と呼びます。しかし，人間の理解は"それぞれ大いに違うもの"ですが，だからと言って，決して"コミュニケーションができないといったもの"ではありません。それぞれの人間は，外界からの情報を得て，自分なりに統一性を保った知識の「内的系統性」を発達させているはずです。自分の持つ「内的系統性」にそぐわない，あるいは，対立する知識・技能・概念が入り込もうとするとき，そこに，ズレや葛藤や対立が生じます。それぞれの人間はそうしたズレや葛藤や対立を解消しようと試みます。

　子供は一人ひとり，口に出して言うことは多くはありませんが，「先生が言っていることはしっくりしない」「あの意見は少しおかしいのではないか」など，自分が理解していることとのズレや葛藤や対立を意識し，自分の理解していることとの整合性を図り，自分自身の「内的系統性」の中に収めようとします。このプロセスが，ここで私が言おうとしている「『薄明の世界』を探索させ，『自分の世界』を創る」というわけです。

　このとき，「言葉」が重要な働きをします。人は，言葉に沿って思考していく，と考えられます。対話の重要性はここにあります。"対話的で深い学び"の真の意味はここにあると言ってよいでしょう。人間は，いろいろな人と対話するプロセスの中で，「薄明の世界」の中を彷徨し，薄明さを言葉で埋め合わせようとする存在です。自分の外にある「外的系統性」と自分の内にある「内的系統性」の葛藤とその統合のプロセスこそ，理解することの原点なのです。

Ⅶ 教師は，どのようにして，子供一人ひとりの発達・成長を支援するべきか

　このプロセスの中にこそ，創造性・革新性を育む根っこがあるのです。ズレや葛藤や対立が大きければ大きいほど，時間とエネルギーを要しますが，大きな跳躍を生み出すものです。この働きを「自分なりに理解すること」と名付けておきたいと思います。
　実は，「個に応じた指導」の最大の在り方はこのような創造性・革新性を育む活動をどう取り扱うかということにかかわっています。多分，としか言えないのですが，指導は，まず子供の話をよく聞き，その子供の「内的系統性」を理解することに始まると考えます。そして，何がズレや葛藤や対立で，どうそれらを解消しようとするつもりなのか，それは何のためなのか，話を聞きながら，助言することでしょう。教師は「大きな跳躍を生み出す」機会を常にうかがっているべきです。
　付け加えておけば，「教科学習」では，知識の持つ「外的系統性」の習得（取り込み）に力点が置かれると考えられますが，「習得」というレベルを超えて，「教科の本質」あるいは「教科の見方・考え方」のレベルに到達させるためには，教科の持つ系統性を根底から揺さぶるズレや葛藤や対立を生み出す必要があります。なぜなら，「教科の見方・考え方」に達するには，大きな飛躍が不可欠だからです。ここが，今回，行われようとする教科学習指導の要点です。はたして，この大きな飛躍を教師が授業で構成できるかどうか，大いに疑問です。結局，「教科の見方・考え方」を教え込んでしまうのではないかと思われます。

(3) 言葉の力を借りて，「薄明の世界」を探索し，「自分の世界」を拡大していく

　人間の理解は，自分の内にある「内的系統性」に沿って，成長していくものです。一人ひとりの人間が自分だけの中に持つ「内的系統性」には，常に"わかっているような，わかっていないような"世界がつきまとっています。これを，朝明けのような霞がかかったぼんやりした「薄

明の世界」と名付けておきます。言い換えると，あらゆることについて言えるのですが，"完全にわかった"という状態はないでしょう。常に，"わかっているような，わかっていないような"世界の中を彷徨しながら，"よりわかったと思う，あるいは，より納得のいく"世界に向かって進んでいくのです。理解とか，納得とかいうことはこのプロセスの上にあるものです。

　近年，認知科学の世界で，「スキーマ（図式）」と言われている，人間が外界を理解するときの枠組みがあります。人は一人ひとり自分なりの"理解枠"を持っていて，その枠組みを拡大しながら，理解を広げていくと考えられています。言語は，枠組みを拡大していくとき，思考する道具として大きな役割を担っている，と考えられています。

　ここに，第Ⅳ章の4節の(3)で取り上げた「領域横断的学習」の1つの総合単元『ぶどう作り（育てる）』（小学校6年）を取り上げて，1人の子供がどのように「ことばと思考」をつなげて，「薄明の世界」を探索し，「自分の世界」を拡大していったか，見てみます。

　ここに，この総合単元の展開の中でAさんが描いた3枚の「イメージ・マップ」（図20，160〜161頁参照）があります。この単元は1年間にわたるもので，5月17日，7月16日，1月27日の3回，27人の子供たちは「イメージ・マップ」を描いています。Aさんはその1人です。それぞれの時点で『ぶどう』について自分が理解していることを「言葉」をつかって「マップ」を描いています。

　まず，言葉の「量的」な変化ですが，19，56，171と著しく増加しています。言葉をカテゴリー化してみると，第1回目はぶどうの木をめぐるもの，ぶどうからできる製品（ワイン，パン，ジュース）の2つですが，夏休み前に行われた第2回目はぶどうの種類（巨峰，ピオーネ），色，病気，製品（ワイン，パン），作業など5つほどに増えています。学習活動が終わりつつあった第3回目は種類，ワイン，作業，

Ⅶ 教師は, どのようにして, 子供一人ひとりの発達・成長を支援するべきか

調理, 学習(調べたこと)の5つについて, 一定のグループ化がなされています。

たとえば, ぶどうの『種類』についてですが, 第1回目は種類のあることに気付いていないのですが, 第2回目では「ピオーネ」「多い」「300種類」と気付いており, 第3回目では, 「マスカット」「竜宝」「巨峰」「甲斐路」などいくつかの種類を知っていることがわかります。注目したいのは「受粉」を付け加えていることで, Aさんは「受粉」によって新しい種類ができることを知ったと思われるのです。

この学習活動の主な活動は実際にぶどうを「育てる」ことでしたので,『作業』について見てみますと, 第1回目は「はたけ」と「土」とだけ書かれていますが, 第2回目は(「つぶぬき」「ハサミ」)(「かさかけ」「かさ」「紙」)(「つるしばり」「はり金」)とあり, 作業に使う道具や材料にも, 気付いています。第3回目では, (「せんてい」「ふさおとし」「とめ金」「止める」)(「めかき」「芽」)(「つるしばり」「つる」「しばる」)(「つぶぬき」「つぶ」「実」「皮」「しぶい」)(「くさとり」「草」「たいへん」「辛い」)とあり, "たいへん・辛い"と作業に対する自分の思いについて記述しています。

この3つの「イメージ・マップ」から言えることは, Aさんの持つ「ぶどう」についての「内的系統性」の発展です。すなわち, Aさんは, ぶどうの木を世話するという活動を通して, 自分の「薄明の世界」を探索し,「自分の世界」を拡大していっていると考えられます。ここに,「言葉の働き」を見ることができます。「めかき」➡「つぶぬき」➡「草とり」➡「せんてい」といったぶどうの木の手入れが終わり, 夏休み・冬休みでの自由研究を行い, さらに, ぶどうを使った料理を作ったり, 肥料についてのアンケート調査も終わり,「まとめ」の段階で描かれた第3回目(1月27日)の「イメージ・マップ」からは, 教師, 友だちや農家の人たちの働きかけを受けて, Aさんの思考が深まった様子が読

第1回（5月17日）

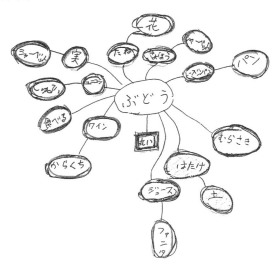

第2回（7月16日）

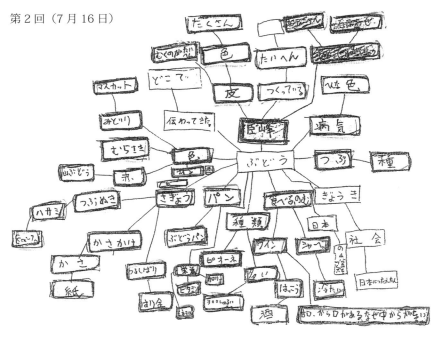

Ⅶ 教師は，どのようにして，子供一人ひとりの発達・成長を支援するべきか

第3回（1月27日）

図20 イメージ・マップに見る「Aさんの世界の拡大」

み取れます。

　第Ⅳ章の4節の(3)で示したような活動計画に従って，学習活動は進んで行ったのですが，この学級の27人の子供が描く「イメージ・マップ」はかなり違っています。もちろん，選択できる学習活動ではなく，全員同じ学習活動を続けていったのですから，すなわち，教育的な働きかけにはかなり高い共通性がありますから，このことを前提とした違いです。しかし，そこには個人的な気付き，特に言葉をグループ化し，1つのまとまりとして，概念化・一般化する試みが見られるのです。

3　「対話の世界」の中で「共有と共同による創造活動（ウィキペディア学習）」を創る

(1)　一斉授業の中に「対話的で深い学び」はあるのか

　かつて，10個の小学校の授業に見られる「言葉のやり取り」を分析したことがあります。得られた結果は「圧倒的な教師の存在感」です。

　もっとも話し合い活動が期待される，小学校3，5年の社会科の8つの授業と，5，6年の算数の2つの授業，計10個の授業における教師と子供たちとの「言葉のやり取り」を収録し，分析してみると，一斉授業における指導の実態が浮かび上がってきます。

　まず，教師と子供の発言を「開始，質問，答え，コメント」の4つに分け，そのつながりを「サイクル」とします。14のサイクルのパターンができます。

　教師と子供のどちらが授業の中で話を始めたかという，サイクル主導率ですが，全サイクルのうち，教師が始めたサイクルは96.1％で，子供が始めたサイクルは3.9％です。すなわち，授業での「言葉のやり取り」は圧倒的に教師が始めているのです。

Ⅶ　教師は，どのようにして，子供一人ひとりの発達・成長を支援するべきか

　最も多いサイクルは「教師・質問」→「子ども・答え」→「教師・コメント」で，全サイクルの27.0％で，次に多いサイクルが「教師・質問」→「子ども・答え」で，全サイクルの19.2％です。その次に多いサイクルが「教師・質問」→「子ども・コメント」で，全サイクルの7.3％です。この3つのサイクルを合わせると，実に，全サイクルの53.5％になります。さらに，「教師・開始」（7.2％）してもそれに続く発言がないケース，「教師・質問」（10.1％）してもそれに続く発言がないケース，合わせて17.3％です。合わせてみると，実に，70.8％です。

　このような短く単純な「言葉のやり取り」は，知識の伝達には役立っても，とても，「対話的な学び」が生じているとは言えません。教師と子供たちとの対話ですが，たとえば，「教師・質問」→「子ども・答え」→「子ども・コメント」→「教師・コメント」→「子ども・コメント」といった長いサイクルは14パターンの内，10パターンあるのですが，複雑な長い「言葉のやり取り」はめったなことでは生じていないのです。この10のパターンが占める割合は全サイクルの13.7％にすぎないのです。（加藤幸次『授業のパターン分析』明治図書，1977年）

(2)　小グループでの「話し合い学習」の中に「対話的な学び」を創る

　かつては「小グループ学習」「小集団学習」「班活動」と言われ，今日では，「協働学習」と言われる「話し合い学習」が盛んになっていることは確かです。今や，教師の話を静かに聞くことを前提とした「座学」中心の授業は学校教育のどの段階でも成り立たないでしょう。良く言えば，子供たちは活発でエネルギッシュで，悪く言えば，落ち着きがなく，集中力にかける，というのが実態でしょう。

　アメリカでは，「コオパラティブ・ラーニング」と言われ，学習成果

の向上と「人種的統合」を目指す指導法として，1975年以後盛んになった学習の在り方です。特に，グループの一部のメンバー（エックスパートという）が課題の一部を事前に探究し，グループの活動をリードする「ジッグゾウ」と呼ぶ手法が話題になりました。

　次期学習指導要領が言うところの「対話的な学び」を成り立たせるためには，今日行われている「話し合い学習」あるいは「協働学習」は次のような問題を解決しなければならない，と考えます。

　1つは，常に問題となることは，どのようにグループ編成をするかということです。現状は，どこの学校でも，教室という限られた空間の中で指定席（自分の席）に着席している子供たちは，常に固定している「隣同士」あるいは「2つあるいは3つ隣同士」で小グループを作っています。オープン・スペースがあり，そこにテーブルが用意されていれば，どのような構成のグループでも作ることができるのですが，それができないのです。さらに，ティーム・ティーチングが行われていれば，他の学級や他の学年の子供たちとでも，グループを作ることができるのです。

　もう1つは，グループの構成員をどうするか，という問題です。現状は上に述べたようなグループ編成ですので，その構成員は同じ学級の同じ年齢の子供たちです。隣の学級の子供，他の学年の子供，あるいは，別の学校の子供が加わってくることは考えられません。このような同質性の高いグループでの話し合いには，多様な角度からの多面的な意見・考えは生じて来ないのではないか，と考えられます。

　また，今後の学校は「地域」と連携・協働すべきですので，ボランティアや専門家を盛んに授業に招いて，話し合いに加わっていただくことも重要です。こうした多様なグループ編成の中での話し合い活動を計画することになります。

　最後の1つは，「班づくり・核づくり」と言われた時代に顕著にあっ

VII 教師は，どのようにして，子供一人ひとりの発達・成長を支援するべきか

たと言ってよいのですが，教師の学習活動の制御にかかわる問題です。「協働（コオパラティブ）」というとき，そこには学習課題の探究という学習活動と集団性・社会性を育むという活動がバランスよく計画されるべきですが，当時は後者に著しく力点の置かれた実践がありました。グループの中に核（リーダー）をつくり，核の下で結束して学習するという集団主義教育が盛んでした。今日なおこの問題は考えるべきことです。

言い換えると，子供一人ひとりの意見や考え方が生かされるグループ編成でなければならないということです。このことは個と集団とのかかわりをめぐる基本的な問題で，集団は固定されたものではなく，学習課題ごとに，あるいは，単元ごとに常に編成し直されるべきでしょう。

(3) アイディアを出し合って，問題の解決を目指す「ウィキペディア学習」を創る

最後に，高度情報化（ICT）時代にふさわしい「対話的な学び」を保障する「協働学習」の在り方を提案しておきたいのです。それを「ウィキペディア学習」と名付けておきます。

誰でもよく知っているインターネット上の情報源「ウィキペディア」です。"みんなで作る百科辞典"と言われるものです。提供される情報の信頼度に問題があると言われてきていますが，今や，誰でも利用している世界的な規模の情報源です。ウィキペディアは次のような原則から成り立っているのです。

・誰でも参加でき，アイディアが出せる。
・誰でも出されたアイディアを修正できる。
・信頼される情報源からの情報である。
・共有と共同による創造活動で，中立的な観点からの解決を目指す。

これらの原則を生かした学習活動こそ，まさに，子供一人ひとりが生かされている，最も民主的な「協働学習」と言えるのではないか，と考

えます。すなわち,「ウィキペディア学習」は, グループの参加者がすべて平等にアイディアを出すことができ, 出されたアイディアを修正することができ, 中立的な観点からの問題の解決を目指す「共有と共同による創造活動」というわけです。"中立的な観点からの問題解決"であるかどうかも, また, 参加者自身が吟味していくというわけです。

　ここには, 権威を持ったメンバーはいません。メンバーは誰も"小さな存在"にすぎませんが, アイディアを出し, 修正しながら"大きな解決"を創り出そうというのです。

　ここでは, たとえ, 1つの学級の中で小グループを作るとしても, コンピュータを介して多種多様な情報と人はつながっています。また, "核"とか, リーダーはいません。子供たち一人ひとりはみな平等な立場から学習活動に参加していきます。「ウィキペディア学習」は「主体的・対話的で深い学び」を保障する新しい協働学習（コオパラティブ・ラーニング）である, と考えます。

Ⅷ
学校は，学習評価を基礎に，どのようにPDCAサイクルを行うべきか

・・・・・・・・・・・プロローグ・・・・・・・・・・

　この章では「何が身に付いたか（学習評価の充実）」というPDCAサイクルを締めくくる評価活動と，それをフォローする活動について考えていきます。前々章で，「カリキュラム・マネジメント」の核心は，間違いなく，教師たちが，自分たちが編成した「学校の教育課程」に従って，どのような「授業」を実践するかにある，と言いました。当然のこと，教師たちの行う授業は「学力テスト」で測定される子供たちの「学習成果」に反映されます。同時に，教師たちの教育活動に対して，学校関係者による「自己評価・他者評価」が行われます。**これらの結果をもとに，学校と地域社会で構成される『カリキュラム・マネジメント委員会』は，学校の"カリキュラム"の改善を目指して，PDCAサイクル，すなわち，「学校の教育目標」➡「学校の教育課程」➡「授業実践」➡「学習成果」⇒（分析・検討）⇒改善「学校の教育課程」⇒改善「授業実践」というプロセスに従って学校評価を行います。**こうした一連の活動は学校教育に携わるすべての人がかかわる学年末の"しめくくり"の一大行事です。

　「何が身に付いたか」という問いは子供たちの学習成果をめぐる問いですが，同時に，子供たちの学習成果をもたらした教師たちの「学校の教育課程と授業実践」について問うことでもあります。前者は「学習評価」で，後者は「カリキュラム評価」と言われる評価活動です。PDCAサイクルを実行することは，毎年4月に行われてきている「全国学力テスト」や地域単位で行われる「学力テスト」などの結果，および，学校関係者が行う「自己評価・他者評価」から得られる情報を基に行われる「学校評価」活動と言ってよいでしょう。

1　PDCAサイクルの起点は各種の「学力テスト」である

(1)　学力テストのもたらす"きびしい"現実に注目する

　学校に対して「何が身に付いたか」と問われるとき，一般的に，子供たちの「学力テスト」の成績である，と言ってよいでしょう。もちろん，スポーツ大会，合唱コンクールや芸術展覧会などでの成績も含まれるでしょう。各学校で学年末に行われる「カリキュラム・マネジメント」は，学校の全国学力テストや地域学力テストでの成績を起点として行われるでしょう。

　「学力テスト」のもたらすものは"絶大"です。国際的な「学力テスト」（「学習到達度調査」）であるTIMSSやPISAの結果に人々はとても敏感です。まさに，今世紀が始まろうとした2001年に，TIMSSやPISAの結果，日本の"順位が下がった"という単純な理由から「学力低下論」が突風のごとく起こり，「学力向上」の叫びが日本中を覆いつくし，学習指導要領が「学力向上」路線に大きく傾斜し，今日に至るまで影響力を維持していることは周知の事実です。

　他方，平成19年から毎年4月に行われている「全国学力テスト」の影響も，また，"絶大"と言ってよいでしょう。ここでも，都道府県の"順位"だけが話題になってきています。大阪府は「全国学力テスト」の結果を高校の入学試験に反映させようとして，物議を醸しましたが，1年度だけという条件付きで，文科省は許可を与えたことも広く知られている事実です。

　さらに，一人ひとりの子供たちにとっては，毎学期行われる「中間テスト」と「期末テスト」の成績は"致命的"と言って過言ではない影響

力を持っています。絶対評価になったとはいえ，現実には，特に高等学校入試には相対評価（偏差値）が幅を利かせていることも，また，周知の事実です。

学力テストの結果が"絶大"であり，"致命的"ですので，学力テストの持つ問題や限界についてしっかり認識していることが重要になります。学校であれ，子供たちであれ，学力テストの成績の「順位」だけが取りざたされるのが常だからです。それだけ，競争が激しいとも，相対的な評価にこだわっているとも言えそうです。

(2) 学力テストは「測定できるものだけを測定している」にすぎない

まず，問題にしたいことは，学力テストは私たちが子供たちに身に付けてほしいと願う「生きる力」の一部しか評価していない，という事実をしっかり認識したいということです。現実には，上に述べたように，学力テストの結果が"絶大"であり，"致命的"です。世界を覆っている差別感も，序列意識も，学力テストの結果に思えます。

なんと言っても，今日の学習評価は，国の内外を問わず，B. ブルームらが1956年に公にした『教育目標の分類学』（認知的領域編）に，極度にまで，依拠しています。

認知的領域の教育目標を，知識，理解，応用，分析，総合，評価の6つの精神的操作の複雑化，高度化の程度により分類しているのです。そして，それぞれの精神的操作を，可視化するために「行動として見られ」，したがって「観察可能で」かつ「測定できるもの」（ビヘイビアル，オブザーバブル，したがって，メジャラブル）という原則に従って，認知的領域に属する教育目標を記述するのです。そのために使われた道具立てが「行為動詞（アクション・バーブ）」と言われる「達成することができる」「分析することができる」等の動詞で，一連の行為動詞を精

神的操作のレベルに対応させて用いる"記述手法"です。しかし，「○○することができる」という形式での目標の記述は，知識，理解，応用など低いレベルの精神的操作に偏りがちです。しかも，現実には，穴埋め式問題や多肢選択問題中心の「マークシート式」ペーパーテストで測定しようとしてきているのです。

　他方，分析，総合，評価など高いレベルの精神的操作の評価には本来「短い記述式回答や小論文」という記述式テストが必要になるはずです。実は，この事実はどこかに隠されてしまったのですが，ブルームらの原著には，記されているのです。しかし，この「記述式」のテストは大量処理が可能な「マークシート式」ペーパーテストになじまず，テストの結果の処理には時間とお金がかかり，さらに，主観的な判断が入り込むという理由から，これまで，採用されてきていませんでした。短時間に大量処理が可能な「マークシート式」ペーパーテストだけが使用されてきたのです。

　ところで，今検討されている「高大接続システム改革」の中で取り上げられている新しい大学入試センター試験と考えられる『大学入学希望者学力評価テスト』（仮称，平成32年実施予定）では，特に，思考力・判断力・表現力の評価をめぐって，「短い記述式回答や小論文」という記述式テストの導入が検討されていますが，かなり根強い反対があると報道されています。

　日本では，1970年代，B. ブルームらの『教育目標の分類学』の導入が図られるのですが，伝統的な学年制による一斉授業という枠組みを維持したまま，すなわち，1つひとつの単元ごとに，かつ，1つひとつの授業ごとに，学習活動が終了するという前提の中で，「測定可能なもの」だけを測定するために導入されたのです。しかも，それぞれの学級での相対評価という在り方も維持したまま，導入されたのです。実に，巧妙に仕掛けられた導入でした。言い換えると，『教育目標の分類学』の意

Ⅷ　学校は，学習評価を基礎に，どのようにPDCAサイクルを行うべきか

図は「子供一人ひとりの学び」を捉え，したがって，個別指導を可能にすることにあったはずですが，この意図が不問に付されたまま，評価活動だけが強調された，と言ってよいでしょう。したがって，「マスタリー・ラーニング」という習得学習方式すら確立できず，あえて言えば，教師が作成する指導案の改善に幾分つながったということくらいです。

　なんと言っても，このことは国の内外を問わず言えることですが，行為動詞で記述でき，測定可能な目標を「到達目標」と名付け，他方，行為動詞で記述できない，したがって，測定不可能な目標を「方向（向上・体験）目標」と分けて，『教育目標の分類学』（情意的領域編）を端に追いやる形で受け入れたのです。

　ところで，学力テストの正式な名称は「学習到達度調査」というものです。情意的領域の目標を記述して「〇〇に関心を持つ」とか，「〇〇する態度を養う」とか，どう考えても，「測定」がむずかしい「態度」までも，評価しているようにつくろってきているのです。このことに，誰も，疑問をはさんできません。

　実は，（認知的領域編）のほかに，（精神運動的領域編）と（情意的領域編）があるのですが，広まっていません。特に，（情意的領域編）の目標は「行為動詞」にはなじみません。誰しも「学力」は認知的領域，しかも低いレベルの領域にとどまるものではなく，意欲，やる気，粘り，集中力，忍耐力など態度や資質にかかわるものであることを知っています。まして，グループ学習では，コミュニケーション力，リーダーシップ，協調性，寛容さといった能力や態度が不可欠であることを誰しも知っているのです。なぜか，こうした能力・資質・態度・価値観というものが無視されてきているのです。

(3) 「意欲，やる気」や「コミュニケーション，リーダーシップ」などの態度や資質こそ重視されるべきである

　『審議のまとめ』では，「観点別評価」という言葉が「知識・技能」の習得には用いられていますが，今回の学習指導要領の改定では，評価は「4観点（知識・理解，技能，思考・判断・表現，関心・意欲・態度）」（ただし，国語は5観点）ではなく，コンピテンシー（資質・能力）の3つの柱に従った「3観点（知識・技能，思考力・判断力・表現力，学びに向かう力・人間性）」で行うことになりました。その上，「パフォーマンス評価」「ポートフォリオ評価」も組み込んで行こうとしています。評価に関する一大改革です。

　第Ⅱ章で示した図1「コンピテンシー（資質・能力）の構造」（32頁）を見てください。特に，「汎用的スキル：未来の状況にも対応できる『思考力・判断力・表現力等』」，および，「社会的スキル：学びを人生や社会に生かそうとする『学びに向かう力・人間性等』」は認知的領域の高いレベルや情意的領域にかかわっています。今や，学力を認知的領域にとどめているわけにはいかなくなっています。変化してやまない予測困難なグローバル時代に生きていく人間には，認知的領域に限定された狭い学力を超えた学力が必要不可欠であると，認識され始めたと言ってよいでしょう。

　私の大学院時代の恩師，重松鷹泰先生は「教育は評価に始まって，評価に終わる」とどこかに書いておられたことを思い出しますが，今日の国際学力テスト，PISA調査の導入にあたって，アメリカ・チームの強力な参画が明らかになりつつあります。もちろん，アメリカ・チームはB. ブルームらの『教育目標の分類学』をベースに強力に参画し，現在のPISA調査枠組みを作っていきました。すなわち，1つの出題文に対して，4つの設問を設けて，最初の2つの設問には，『教育目

標の分類学』の認知的領域の低いレベルを当てて多肢選択問題を，後の2つの設問には，認知的領域の高いレベルを当てて"短い記述"問題を用意するという枠組みです。よく知られているように，日本の全国学力テストでは，前者をAテストと言い，後者をBテストと呼んでいます。

　これは私の邪推ですが，さらに，『教育目標の分類学』の情意的領域に属する教育目標の困難さを熟知しているアメリカ・ティームは，ここに，子供たちの生活態度や学習状況の傾向を捉える「アンケート調査」を持ち込んだのです。実に，巧妙な調査枠組みというわけです。以来，世界の学力テストの枠組みはこの巧妙な枠組みを当然のこととして行われてきています。

(4) 学力テストは"努力"（学習のプロセス）を評価していない

　まず，私たちは子供たちに「努力は大切である」「頑張ってください」といつも言います。これが学習に対するローカル・ノレッジ（市民の知識）です。しかし，学校で行われる学力テストは「努力・頑張り」を評価していないのです。「一生懸命頑張ったのにテストができなかった」，逆に「大して努力しなかったのにテストの成績はよかった」という経験は誰でも持っているものでしょう。今の学習評価の在り方は，努力する・頑張るということを測定していない，と認識すべきです。シェークスピアのドラマのタイトルのように，『終わりよければすべてよし』というわけです。

　あえて言えば，上で見たように，PISA国際学力テストや，毎年4月に行われる全国学力テストには，生活態度や学習状況についての「アンケート調査」があり，このアンケート調査が"努力"（学習のプロセス）を"処遇している"と言えるかもしれません。しかし，明らかに，「アンケート調査」の結果の使われ方は，一人ひとりの子供の学習評価とか

かわるものではなく，集団としての子供たちの生活態度や学習状況の傾向を捉えるもの，と考えられます。典型的な例は，「朝食をきちんととらない子供は学力が低い」とか，「総合的な学習を行っている学校の子供たちの学力は高い」といったものです。

　繰り返しますが，国際的な学力テストであれ，中間テスト・期末テストであれ，ある学習活動が終わったところで，その学習でどんな知識や技能が身に付いたのかを測定する評価にすぎないのです。Bテストを加えて，ギリギリの努力をしているとしても，ペーパーテストで行うという限界は超えられないでしょう。もちろん，ペーパーテストのメリットは，多くの子供を対象として同時に行うことができることです。同じ基準で作られたテスト項目ですので，皮肉なことに，他者と比べる「相対評価」ができるのです。

　単元や学期の終わりなり，一年のどこかの時点で一斉に行う評価を「プロダクト評価」とか，「総括的評価」と呼びます。また，「学習到達度評価」とも呼ばれ，到達の度合いに応じて，1，2，3とか，A，B，Cとか評定されます。したがって，他の子供と同じ基準で評価できますので，相対評価も可能です。

　それに対して，「プロセス評価」はその名のとおり学習活動の一連の学習の姿を評価しようとするものです。したがって，「プロセス評価」はペーパーテストになじまず，観察記録とか，活動記録（ポートフォリオ）などを通して行います。観察記録や活動記録を読み解くには，時間とエネルギーを要することは当然です。あるいは，一連の学習活動の成果としてのレポート，作品，発表などのパフォーマンス（成果）を前に，話し合いをしながら評価します。前者を「ポートフォリオ評価」と言い，後者を「パフォーマンス評価」と言います。私たちは今日までこうした評価活動を無視してきたのです。もし「カリキュラム・マネジメント」の中で，「意欲，やる気，粘り，集中力，忍耐力」などの態度や資

Ⅷ 学校は，学習評価を基礎に，どのようにPDCAサイクルを行うべきか

質，また，「コミュニケーション力，リーダーシップ，協調性，寛容さ」などの態度や資質を評価に取り込みたいとするならば，こうした「プロセス評価」を取り入れる必要があるということです。（加藤幸次・安藤輝次『総合学習のためのポートフォリオ評価』黎明書房，1999年を参照してください。）

2　もう1つの起点は学校関係者による「自己評価・他者評価」である

(1)　大学では，毎学期末，学生による「授業評価」が行われている

　最初にお断りしておきますが，「自己評価・他者評価」の区別は相対的なものです。ここでは，「自己評価」というときの自己とは，学校の教育活動に直接かかわる教師たちと子供たちのことです。教師たちは自ら行ってきている「教育課程や授業」について反省を込めて自己評価します。他方，子供たちは自分たちが受けてきている授業について評価します。「他者評価」というときの他者とは，保護者，学校評議員，学校運営協議会の委員，PTAのメンバー，すなわち，「学校関係者」です。ただし，後に述べますが，イギリスのように，学校の外に「第三者評価機関」があるところでは，教師，子供，学校関係者は「自己評価」を行う人たちで，第三者評価機関が「他者評価」を行う機関ということになります。

　よく知られていることかと思いますが，大学では毎学期末，学生による無記名での「授業評価」が行われてきています。今では，どの大学でも評価項目はほぼ決まり，安定してきていると思われます。「授業評価」のための用紙は10項目ほどの授業に関する質問と自由記述からできて

います。

　私自身の経験から言いますと，学生の私の授業に対する評価は，個別に回答を見ると，極端な回答も見受けられますが，全体として集計された結果を見ると，私の授業に対する態度，授業の内容，指導方法についてかなり"適切"に指摘していると思います。むしろ，自由記述のほうに"鋭い指摘や批判"があったり，授業を"喜んでくれたりした記述"があり，毎回，読むのが楽しく思います。

　今日では，むしろ，問題点が顕著になってきていると考えます。学生は1つの学期に10から15の授業を履修しています。これらすべての授業に印刷された同じ「授業評価用紙」による評価がなされるというわけで，学生たちの真剣さが薄れ，"適当にしか"答えていないのではないかと考えられます。最後の授業の最後の10分間ほどで行われる授業評価では，自由記述に回答している時間が十分ではないとも考えられます。

(2)　「学校関係者」による「他者評価」で学校の教育活動に意見を求める

　繰り返し述べてきたように，「カリキュラム・マネジメント」は学校が家庭・地域と連携・協働して行うものです。ここで「学校関係者」と呼ぶ人たちは，もちろん，保護者，学校評議員，学校運営協議会委員，外部講師やボランティアなどの人たちです。こうした人たちに，適切な機会に，学校の教育活動，授業，学校行事などについて，意見を求めようという試みです。

　図21では，学校の教育活動の全体，すなわち，教育目標，教育課程，生徒指導などの項目を設けて意見を求めています。授業参観の日に，授業について意見を求めることも可能ですし，運動会の日などに，学校行事について意見を求めることも可能です。今後，こうした部外者からの意見が重要性を増してくるものと考えられます。重要なことは，大学で

学校教育目標	中・長期的目標
人間愛を基礎として，真理と正義を尊び，平和を愛する市民性を養い，国家社会の有為な形成者を育成するとともに，自主的精神に充ちた心身ともに健康で情操豊かな人間形成を図る。	1 自主性・協調性を培い，自ら学び自ら考える力を育成する。 2 生徒一人一人を大切にし，きめ細かな教育を実践する。 3 心豊かな，たくましく生き抜く人間を育成する。

重点目標
① 基礎・基本の確実な定着と個性の伸長を図る。
② コース制の充実と発展を中心とした特色あるカリキュラム，特色ある学校づくりに努める。
③ 開かれた学校づくりと家庭・地域との連携協力を図る。

次の項目について，観点に基づき評価をしていただき，ご意見・ご提言をご記入ください。
　　【評価の基準】A：十分　　B：おおむね十分　　C：やや不十分　　D：不十分）

評価項目	評価の観点	評価	意見・提言
1 教育目標重点目標	学校の教育目標は，生徒の実態と保護者や地域の願いを踏まえたものになっているでしょうか。		
2 教育目標の具体化	日常の教育活動は，本年度の重点目標を反映したものになっているでしょうか。		
3 教育課程	本校のカリキュラムは，特色あるものになっているでしょうか。		
4 生徒指導	生徒の基本的生活習慣の確立の取組は成果を上げているでしょうか。		
	生徒の健全育成のための家庭・地域及び関連機関との連携がとれているでしょうか。		
5 進路指導	生徒一人一人の進路目標の確立及びその実現に向けた取組は成果を上げているでしょうか。		
6 家庭・地域との連携	本校の教育活動における地域の人材等の活用は十分でしょうか。		
	本校は，地域にとって身近な雰囲気を持っているでしょうか。		
	本校の教育活動に関する情報が，家庭・地域に十分に伝わっているでしょうか。		
7 生徒の自主活動	生徒会活動・文化祭において，生徒の自主的な活動がなされているでしょうか。		
	クラブ活動においては，生徒の自主的な活動がなされているでしょうか。		
8 学校評議員制	本校の学校評議員の運営は，これでよいでしょうか。		
	このアンケートの「学校評価の項目・観点」は適切でしょうか。		

その他本校の教育活動について，ご意見等をご記入ください。

図21　学校評価アンケート（学校関係者用）

の授業評価と同じように"無記名"で意見を聞くことです。やはり，率直でかつ建設的な意見が得られることが重要です。

(3) 教職員と子供たちによる「自己評価」が一般的である

　外部評価に対する内部評価を「自己評価」と呼びますが，教職員から学校の教育活動の全体に対して意見を求めることが重要になってきます。そのために，「自己評価」会議を開くことも一案ですが，やはり，書かれた意見が大切であり，活用しやすいと考えられます。

　第Ⅱ章の1節で指摘したように，家庭や地域の人々ばかりではなく，子供たちも「学校の教育課程」の編成に参加すべきです。同じように，子供たちから授業について意見を求めるべきです。

　図22では，項目11と12は授業に対する準備について自己評価していますが，項目1～10は教師が行う授業についての評価項目です。私たちは，さらに，小学校低学年用や高等学校用の授業評価表も作成しました。やはり，子供の場合でも，無記名が原則ではないか，と考えます。

3　『カリキュラム・マネジメント委員会』のための討議資料を作成する

(1)　『カリキュラム・マネジメント委員会』が学校評価を行う

　第Ⅰ章で述べておきましたが，「カリキュラム・マネジメント」は学校が家庭・地域と連携・協働する学校経営の在り方ですので，『カリキュラム・マネジメント委員会』は学校の代表と家庭・地域の代表で構成されるべきです。

　前者には，学校長をはじめとする管理職と研究推進委員会の代表，それに，中学校や高等学校では子供たちの代表が考えられます。後者には，

Ⅷ 学校は，学習評価を基礎に，どのように PDCA サイクルを行うべきか

　このアンケートは，今よりもっと楽しくて，よく分かる授業にするためのものです。テストではありませんから，自分が思うとおりに書いてください。
　つぎの文の内容について，「そう思う」ときは1に，「だいたいそう思う」のときは2に，「あまりそう思わない」ときは3に，「そう思わない」ときは4に，それぞれ1つずつ選んで○をつけてください。
　もし，どうしてもはっきりしないときは，○をつけなくてもかまいません。

[1 そう思う　2 だいたいそう思う　3 あまりそう思わない　4 そう思わない]

1	授業は，分かりやすい。	[1　2　3　4]
2	授業は，楽しい。	[1　2　3　4]
3	授業中，先生や友だちは，自分の意見を聞いてくれる。	[1　2　3　4]
4	授業では，新しいことを知ったり体験したりできる。	[1　2　3　4]
5	授業では，自分から調べたり，考えたりすることが多い。	[1　2　3　4]
6	授業で，分からないことがあるとき，先生に質問できる。	[1　2　3　4]
7	先生は，自分が学習で努力したことを認めてくれる。	[1　2　3　4]
8	先生の話や友だちの意見は，参考になることが多い。	[1　2　3　4]
9	授業に，集中して取り組んでいる。	[1　2　3　4]
10	授業中，自分の考えを発表することが多い。	[1　2　3　4]
11	宿題をしっかりできる。	[1　2　3　4]
12	持ち物をきちんと準備している。	[1　2　3　4]

　今度の学期は，先生にこんな授業にしてほしいというお願いや，自分でもこういうことを努力したいということがあったら書いてください。

図22　授業についてのアンケート

学校評議員と学校運営協議会のメンバーが考えられます。さらに、なんらかの形で「学校のカリキュラム」に詳しい教育関係者も加わるべきでしょう。

『カリキュラム・マネジメント委員会』は共同委員長制を採用し、学校長と学校関係者の代表の2人が委員長を務めることが望ましい、と考えられます。

上に述べたように、「カリキュラム・マネジメント」は学年末の一大行事ですが、12月には始めて、3月末に一定の結論を出すことになります。学校運営委員会のメンバーが『カリキュラム・マネジメント委員会』のメンバーを兼ねるケースが多いと考えられますので、学校運営委員会の年間スケジュールに合わせていくことが考えられます。現在示されているスケジュールによれば、学校運営委員会は12月に「次年度の教職員の任用」について、1月に「学校運営」について、2月に「学校関係者評価の実施」となっています。（文部科学省『コミュニティ・スクールって何？』平成28年7月）

(2) 討議資料を討議される項目ごとに整理し、提供する

「カリキュラム・マネジメント」は新しい形の学校経営ですので、単に、PDCAサイクルにかかわる項目だけでなく、学校経営の背景となる項目が含まれるべきことは言うまでもありません。以下のような項目について、整理された討議資料をめぐって、話し合いが進行することになります。

1) 「カリキュラム・マネジメント」をめぐる討議のための資料
　① 全国学力テスト・地域学力テストの成績（中・高校「進路先調査」）
　② 教育課程・授業（年間学習指導計画、単元学習指導計画、年間

Ⅷ　学校は，学習評価を基礎に，どのようにPDCAサイクルを行うべきか

　　　　学校・学年行事計画など）
　　　③　外部評価（「学校評価アンケート」），自己評価（教師からの意見・子供の「授業についてのアンケート」）
　　2）　他の教育活動をめぐる討議のための資料
　　　①　特別支援教育
　　　②　生徒指導（いじめ，不登校児など）
　　　③　日本語指導
　　3）　学校経営をめぐる討議のための資料
　　　①　学校評議会，学校運営協議会，PTA活動・ボランティア活動
　　　②　教職員の研修
　　　③　財源・資源の活用

　『カリキュラム・マネジメント委員会』では，繰り返し強調してきたように，学校（子供たちを含んだ）と家庭・地域の学校関係者による"熟議に熟議を繰り返した"討議が必要で，そのためには，何より，時間が確保されねばなりません。多忙な学年末に，どこで時間を取るのか，現実的には大きな問題です。
　もう1つの問題は，学校側の説明で終わってしまいかねない，という心配です。学校関係者は学校側の説明を聞いて，"うなずいて聞くだけ"という情けない現状です。学校側が使う言葉は専門的でむずかしいことに注意すべきです。いじめとか，自殺とかいった大きな問題が生じない限り，熟議の機会の乏しい委員会になりかねないのです。学力テストの結果が芳しくないとか，授業に対する子供たちの満足度が低いといった問題は，むしろ，積極的に検討すべきテーマとして，この委員会に提案すべきです。
　『カリキュラム・マネジメント委員会』の場は，第Ⅱ章で述べたように，レイマン・コントロールの場に変えていく必要があり，ローカル・

ノレッジ（市民の知識）の活用の場であるべきです。単に，学校側の説明を聞く場ではありません。「説明責任（アカウンタビリティ）」という言葉はよく聞くのですが，日本の教育現場にはほとんど浸透していないのが現状です。当然ですが，ローカル・ノレッジの活用の場にならなければ，「カリキュラム・マネジメント」という学校経営の在り方が新しい教育文化を創造する機会にはなりえません。

4 カリキュラム・マネジメントを支援する「評価支援機関」が必要である

(1) イギリスは「教育水準局（OFSTED）」で学校評価を行っている

　各学校内で行われる『カリキュラム・マネジメント委員会』には，いわゆる"内輪意識"があることはむしろ自然なことでしょう。"熟議に熟議を繰り返して"と言っても，そこには当然限界というものがあります。だから，『カリキュラム・マネジメント委員会』は不要だということではありませんが，「説明責任（アカウンタビリティ）」という観点から見ると，不徹底さをいなめないでしょう。

　さらに，この委員会で問題の解決を目指して熟議しても，そこには，外部からの支援や資金が必要になってくるはずです。こうした学校への支援や資金について，どこかの組織がこの委員会の要望を受け止める必要が生じてくるはずです。

　イギリスの例を見てみますと，サッチャー政権下で行われた教育改革を受けて，1992年，外部学校評価制度が確立し，中央官庁の1つとして「教育水準局（OFSTED）」ができています。この局は，全国に8つの支所を持ち，1500人のスタッフを擁しています。

Ⅷ　学校は，学習評価を基礎に，どのように PDCA サイクルを行うべきか

　他方，イギリスの各学校には，よく知られているように，「学校評議会（スクール・カウンシル）」が置かれています。このカウンシルは学校の教育課程，予算権，教員の採用など大きな自律性を持っています。また，住民主導の組織と言ってよく，学校側は校長と教員代表の 1 人を送り込んでいるにすぎません。日本の学校に即して言えば，第Ⅰ章で見たごとく，コミュニティ・スクールに設置された「学校運営協議会」（まだ組織率は約 9 ％にすぎませんが）に強い権限を与えた組織と言ってよいでしょう。

　「教育水準局」はすべての公立初等中等学校に調査チームを 6 年ごとに送り，学校評価を行います。調査チームは 3 ～ 8 人（うち 1 人は一般市民）で，数日間，実際に学校を訪問して，聞き取り調査や授業観察を行い，評価し，評定を下します。（4 段階評定：非常に良い，良い，改善の余地あり，抜本的な改善が必要。）評価報告書を作成し，学校へ送付します。

　評価報告書を受け取った学校は，指摘された事柄に対して改善計画を作成し，「教育水準局」に送り返さねばなりません。次の 6 年間，学校は提出した改善計画に従って，教育活動をしていくことになります。

　「教育水準局」は学校管理者に対しての「自己評価」に関する研修会や必要な学校への支援を提供しています。

(2)　学校の評価活動を支援する「評価支援機関」が必要である

　イギリスには伝統的に視学官制度があり，この制度の上に，サッチャー政権は「教育水準局」を設立し，国による外部学校評価制度を確立してきました。

　次期学習指導要領で「カリキュラム・マネジメント」を推進していくことになるのですが，学校が家庭・地域と連携・協働して推進していくとしても，まずは，学校長や研究主任のリーダーシップ研修会が必要で

すし，長期的には，学校評価をリードしていく人材の養成が不可欠でしょう。特に，教師たちの「学校の教育課程」を編成する能力，「学校の教育課程」にふさわしい「授業づくり」ができる能力の育成が望まれます。今では，多くの教育委員会に「教育支援センター」が敷設されています。このセンターの役割を「学校の教育課程」の編成と「授業づくり」にシフトさせる必要があります。

　また，学校での評価活動について，特に，学校と家庭・地域の間に軋轢・葛藤・対立が生じたとき，両者が相談できる「専門的支援組織」が，きっと，不可欠になるでしょう。この組織は，各教育委員会の中に作るというよりも，広域を対象とする組織とし，レイマン（一般人）を含んで構成すべきです。

　さらに，自然なことですが，カリキュラム・マネジメントを推進するためには，何らかの資金的な支援が必要な場合が生じます。

　以上のように「評価支援機関」には，次の3つの機能を持たせることになると，考えられます。

① 教師の「学校の教育課程」編成能力の育成
② 関係者間の軋轢の調整
③ カリキュラム・マネジメント推進のための資金援助

　次期学習指導要領の提案する「カリキュラム・マネジメント」は学校という枠内で終わっていますが，新しい学校経営の在り方は，教育委員会や一般社会からの支援が必要になってくるに違いない，と考えます。

おわりに

　「コミュニティ・スクール」の真の意味は，E. G. オルセンが主張したように，学校が地域における"文化創造"の拠点であるということです。今日の地域社会を見てみると，当然のことですが，どの地域社会も経済活動の振興に躍起です。また，地域の安心安全にも細心の注意を払っています。同時に，お祭りや年中行事を中心に，地域の伝統文化の継承にも力を入れるようになってきています。しかし，今日の地域社会には，グローバル時代に生きていくために必要な新しい"文化創造"という役割を担う組織が欠如しています。これからの学校はこの役割の一端を負うべきです。学校が地域社会と連携・協働して営む「カリキュラム・マネジメント」という新しい学校経営の在り方の導入を機に，学校が真の意味での「コミュニティ・スクール」の創造につながってほしいと願っています。

　「はじめに」で述べたように，「カリキュラム・マネジメント」を中核に据えた新しい学校経営は，本書で見てきた"PDCAサイクル"を縦糸とし，"教師と教師および学校と地域との連携・協働"を横糸として新しい織物を織ることを目指しているのです。この織物の名が"社会に開かれた教育課程"と言ってよいでしょう。各学校は，『カリキュラム・マネジメント委員会（学校評価委員会）』を通じて，毎年織り出されるこの織物の出来具合を見て，よりよい織物を目指して改善努力していくことが期待されているのです。

　この織物を織るエネルギーを"チームとしての学校"というモットーの中に見つけようとしている，と考えます。また，このエネルギーは次の2つの葛藤（ジレンマ）とそこで不可欠な"妥協（すり合わせ）"に

必要な努力の中から生まれてくるものであることを覚悟すべきである，と言いました。極めて困難なこの2つの葛藤と対峙する努力を惜しむことは，次期学習指導要領の失敗を意味します。努力を惜しまなければ，学校教育を一大改革に導く契機になる可能性を秘めている，と考えます。

　第1の葛藤はカリキュラム・マネジメントを中心的に行っていくべき学校の内部に潜む，とても，難解なものです。繰り返しますが，教職員の間に生じるであろう"ずれ"や"対立"と，そこで不可欠な"妥協（すり合わせ）"に必要な努力にかかわる葛藤です。自分が受けてきた学校教育も，また，教師になった後の教職経験も，誰しも違っていることはごく当然のことです。そうした教職員が，次期学習指導要領が目指そうとしている「コンピテンシー（資質・能力）」の育成をめぐって，どこまで一致協力していけるかということが次期学習指導要領の成否のカギになるでしょう。一致協力するとは決してリーダーに従うということでもなければ，付和雷同することでもないのです。それこそ，第Ⅶ章の最後で述べておきましたが，教職員自身が「ウィキペディア学習」を行うことです。みんなでアイディアを出し合い，修正し合い，共有と共同による創造活動を実行することでしょう。"言うは易し，行うは難し"ですが，これを乗り越えていく以外に方法はないと思われます。

　これまた，「はじめに」で指摘しておきましたが，第2の葛藤はカリキュラム・マネジメントを行う各学校と地域社会の間に生じるであろう"ずれ"や"対立"と，そこで不可欠な"妥協（すり合わせ）"に必要な努力にかかわる葛藤です。具体的な場面になればなるほど，両者の"ずれ"や"対立"は厳しくなると考えられますが，常に調整と妥協が必要になるでしょう。このことに，両者が忍耐強く対応し，ともに，"チームとしての学校"の良き支援者になれるかどうか，ということが次期学習指導要領の成否のカギになるでしょう。

　最後に，また強調しておきたいことは，学校の中や学校と地域社会の

間に生じるであろう"葛藤（ジレンマ）"を否定的・消極的に捉えるべきではなく，むしろ，"熟議に熟議を繰り返して"，この葛藤を乗り越えていくエネルギーの中でこそ「学校の自律化・地域化」が達成され，学校が地域社会における文化創造の拠点になる動因があると捉えるべきです。

最後に，私自身が当面した，今でも，忘れることのできない，数ある葛藤場面の中から，いくつかを選んで，述べて，終わりにしたいと考えます。

エピソード(1)　私のように研究者というよりは実践家に近い人間は，多くの学校の授業改革にかかわる中で，今でも決して忘れることのできないいくつもの"教師の身勝手さ"に遭遇してきています。その1つですが，当時はまだ珍しい「教科教室型のオープン・スペース」を持った中学校で，"生徒一人ひとりに応じた学習指導"を目指して，伝統的な一斉指導の改革に努力していました。最初の4年間，優れた校長のリーダーシップのもと，なんとか，試行錯誤することができました。しかし，この校長が退職したとたん，特に，学校の上層部に亀裂が生じ，教師たちの間に"いいことだけど，大変だから，自分は手を引きたい"という雰囲気が一気に広がりました。あっという間に授業は元に戻り，6月に研究を進めていくべきかどうかを決める職員会議が開かれ，このときの"実に気まずい雰囲気"は今でも忘れることができません。（加藤幸次著『自己教育力を育てる授業づくり』黎明書房，1988年に詳しい。）

エピソード(2)　私たちは，1984年に「全国個別化教育連盟（現在は日本個性化教育学会）」を設立し，「個に応じた指導」を広めてきました。当時，会長は染田屋東京都板橋区教育長でしたので，板橋区のある小学

校で事務局会を開いていました。今でも忘れませんが，事務局会が終わって，学校の玄関口まで私を送ってきた，この学校の校長が「前の校長とは違って，私は"授業の法則化"運動を信じているので，……」とはっきり言われ，びっくりした次第です。「校長が変わると，学校が変わる」という今日でもある日本の学校の不連続性です。

エピソード(3)　これは，山形県のある郡部の中学校で行われた，「お米作り」というテーマでなされた総合的な学習の時間の実践発表会のときのことです。発表会が終わって，皆さん，ほっとして，校長室に座っているところに，PTA会長が入ってきて，えらい剣幕で，「俺の子供をまた百姓にする気か。米づくりを教えるより，英単語の1つでも教えろ」と言うのです。私が場を繕って，「今の子は田んぼにも入ったことがなく，こうした体験が大切なのですよ」と言ったのですが，会長は「俺は今の農業に自信がないのだ。米では食っていけんし，嫁さんも来ないのだ。俺の希望は息子を東京の大学にやって，サラリーマンにさせることだ」と息巻くのでした。座は白け，その後，どうなったのか，しっかり覚えていません。

エピソード(4)　私は当時，ほとんどがオープン・スペースを持った新しい学校でしたが，30校近い学校と「個に応じた指導」・「自己学習力の育成」を目指して，格闘していました。中でも，郷里の隣町，愛知県東浦町の3つの学校と岐阜県池田町の1つの学校とは，20年近くにわたって，かかわりを持つことができました。これらの学校は学校自身でたくさんの著書を公にしてきています。

　学校を悩ましたのは，全国あるいは地方で行われる学力テストの結果です。今と違って，テスト結果が公表されたわけではないのですが，その結果は，必ず，地域社会に漏れるのです。一部の学校のことですが，

地域の人の間に,「学校は『個に応じた指導』をしていると言うけれど,学力テストの結果は全国平均以下らしい」という風評が広がるのです。結果が良いときには,よい風評はたたず,悪いときには,必ず悪い風評が立つのです。

　実は,このことは,「学校と地域」の関係をめぐるとても複雑で,厄介な問題につながっているのです。地域の違いを強調することは,学力の地域間格差を認めることになり,非民主的と考えられていて,研究が進んでいきません。しかし,言えることは,これら4つの学校の学力テストの結果は,20年間常に一定していたのです。これは実に意味深長なことですが,教育社会学者と言われる人たちでさえ,この意味に注目していないのです。

　このことは,やがて,2000年から始まる「学力低下論」につながって,日本の学校教育の方向を狂わせていったのです。(加藤幸次・高浦勝義『学力低下論批判』黎明書房,2001年を参照してください。)

エピソード(5)　千葉県のある町に新しく鉄道が引かれ,駅を中心に新しい街ができ,そこに新しくオープン・スペースを持った小学校と,やがて,中学校ができました。先にできた小学校には,新興住宅地のどこからでも学校に入られるように出入り口が3ヵ所あり,学校は学年ごとにいろいろな動物を飼っていました。特に,6年生はポニーを飼育していて,子供たちはご褒美に乗ることができました。中学校でも,運動会は地域主催で行われていました。もちろん,いろいろなオープン・スペースを活用して,子供たちが自主的に学習を展開していました。

　しかし,こうした新しい教育活動がある1人の中学生の自殺で,突然,完全にストップしてしまったのです。この中学生は自分の住むビルから夕方,飛び降り自殺したのです。街のうわさは,「学校で"あんな変わった教育"をしているから,こうなったんだ」というものだったようで

す。校長たちや教師たちは、ただ、黙っているよりほかにしようがなかったようで、しばらくして、授業はまた伝統的な指導に戻ってしまったのです。新興住宅地に移り住んできた人たちは若い人たちで、新しい授業の在り方に賛成し、喜んでくれていたにもかかわらずです。

エピソード(6) 東京都のある区で、学校の統廃合にかかわる委員をしたときのことですが、現状の小規模校の維持に賛成で統廃合に反対の保護者の意見を聞いたことがあります。保護者は次のように主張したのです。「自分の子はとてもおとなしく、座席は最後列が多く、大きな規模の学級で、先生に無視され続けてきた。授業参観に行っても、先生から指名されたことがない。」公の会議でしたので、先生へのあからさまな非難はなかったのですが、こうした教師への不満や批判はどこにでもあるはずです。具体的に、ある1人の教師とその学級での授業についての不満や批判は、私のような立場の人間はあまり遭遇しませんが、現場と言われる学校では、よく聞かれることではないかと思われます。

著者紹介

加藤幸次

1937年，愛知県に生まれる。
名古屋大学大学院，ウィスコンシン大学大学院修了。
現在：上智大学名誉教授，神戸国際大学客員教授，日本個性化教育学会会長，グローバル教育学会顧問，前アメリカ教育学会会長，社会科教育研究センター会長。
著書：『ティーム・ティーチングの考え方・進め方』黎明書房，1993年。
『総合学習の実践』黎明書房，1997年。
『中学校の総合学習の考え方・進め方』黎明書房，1998年。
『総合学習のためのポートフォリオ評価』黎明書房，1999年。
『学力低下論批判』黎明書房，2001年。
『小学校 個に応じる少人数指導』黎明書房，2002年。
『学力向上をめざす個に応じた国語・算数の指導（小学校）』黎明書房，2004年。
『学力向上をめざす個に応じた国語・数学・英語の指導（中学校）』黎明書房，2004年。
『学力向上をめざす個に応じた理科・社会の指導（小学校）』黎明書房，2004年。
『学級担任が教える小学校の英語活動』黎明書房，2006年。
『教員免許更新制と評価・認定システム』黎明書房，2008年。
『ウェビング式教員免許更新のための必修講習ガイドブック』黎明書房，2009年。
『分厚くなった教科書を活用した40の指導法』黎明書房，2011年。
『大学授業のパラダイム転換』黎明書房，2014年。
『そこが知りたい！ 小学校の英語指導50の疑問』黎明書房，2016年。
『アクティブ・ラーニングの考え方・進め方』黎明書房，2016年。

イラスト・さやややん。

カリキュラム・マネジメントの考え方・進め方

2017年4月10日 初版発行	著 者	加藤 幸次
2019年2月20日 2刷発行	発行者	武馬 久仁裕
	印 刷	藤原印刷株式会社
	製 本	協栄製本工業株式会社

発 行 所　　　　株式会社　黎明書房

〒460-0002　名古屋市中区丸の内3-6-27　EBSビル　☎052-962-3045
　　　　　　　FAX 052-951-9065　振替・00880-1-59001
〒101-0047　東京連絡所・千代田区内神田1-4-9　松苗ビル4階
　　　　　　　　　　　　　　　　　　　　　　☎03-3268-3470

落丁本・乱丁本はお取替します。　　　ISBN978-4-654-01940-3
© Y.Kato 2017, Printed in Japan

加藤幸次著　　　　　　　　　　　　　　　Ａ５判　155頁　2100円
アクティブ・ラーニングの考え方・進め方
キー・コンピテンシーを育てる多様な授業／「資質・能力（キー・コンピテンシー）」を育成するアクティブ・ラーニングについて，10の授業モデルを提示し詳述。

加藤幸次・伊藤静香著　　　　　　　　　　Ａ５判　129頁　2000円
そこが知りたい！　小学校の英語指導50の疑問
あなたも英語が教えられる／「使える英語」を目指す，平成32年度に全面実施予定の小学校3，4年「英語活動」，5，6年「英語科」の授業に対応するための本。

加藤幸次著　　　　　　　　　　　　　　　Ａ５判　144頁　2000円
分厚くなった教科書を活用した40の指導法
今度こそ「教科書"で"教えよう」／教科書を効率よく使って，詰め込みにならずに，学習指導要領の示す各教科の目標を確実に達成する40の方法を具体的に紹介。

加藤幸次著　　　　　　　　　　　　　　Ａ５判上製　191頁　3600円
大学授業のパラダイム転換　ICT時代の大学教育を創る
今，実現すべき，ICT時代の大学授業のあり方，学習環境のあり方などについて詳述。講義式授業にとらわれない双方向的な大学授業モデルを提示。大学関係者必読の書。

加藤幸次・高浦勝義著　　　　　　　　　　Ａ５判　248頁　2600円
学力低下論批判　子どもが"生きる"学力とは何か
「ゆとり」の教育は本当に学力低下を生み出しているのか。教育学研究の第一線で活躍する執筆陣が，真の学力とは何かを明らかにする。

太田　誠著　　　　　　　　　　　　　　　Ａ５判　150頁　2200円
コンピテンシー（資質・能力）を育てる算数授業の考え方・進め方
子どもがイニシアティブを持つ授業を／次期学習指導要領が目指す資質・能力（コンピテンシー）重視の算数授業のあり方を，豊富な実践事例を通して具体的に詳述。

蔵満逸司著　　　　　　　　　　　Ｂ５判　86頁（オールカラー）　2300円
教師のためのiPhone & iPad超かんたん活用術
はじめてiPhone & iPadをさわる人でも，すぐに授業や普段の教師生活に活かせるノウハウを収録。操作説明や基本の用語，役立つアプリも厳選して紹介。

表示価格は本体価格です。別途消費税がかかります。

■ホームページでは，新刊案内など，小社刊行物の詳細な情報を提供しております。
「総合目録」もダウンロードできます。http://www.reimei-shobo.com/